珍藏本
纪念版

汉译世界学术名著丛书

# 形而上学导论

〔德〕海德格尔 著

熊伟 王庆节 译

商務印書館
SINCE 1897 The Commercial Press

2017年·北京

**EINFÜHRUNG IN DIE METAPHYSIK**

Von

*Martin Heidegger*

Viete,

Unveränderte Auflage

# 汉译世界学术名著丛书
# （120年纪念版·珍藏本）
## 出 版 说 明

2017年2月11日，商务印书馆迎来120岁的生日。120年前，商务印书馆前贤怀揣文化救国的理想，抱持“昌明教育，开启民智”的使命，立足本土，放眼寰宇，以出版为津梁，沟通中西，为中国、为世界提供最富智慧的思想文化成果。无论世事白云苍狗，潮流左右激荡，甚至战火硝烟弥漫，始终践行学术报国之志，无改初心。

迻译世界各国学术名著，即其一端。早在20世纪初年便出版《原富》《天演论》等影响至今的代表性著作，1950年代后更致力于外国哲学和社会科学经典的译介，及至1980年代，辑为“汉译世界学术名著丛书”，汇涓为流，蔚为大观。丛书自1981年开始出版，历时三十余年，迄今已推出七百种，是我国现代出版史上规模最大、最为重要的学术翻译工程。

丛书所选之书，立场观点不囿于一派，学科领域不限于一门，皆为文明开启以来，各时代、各国家、各民族的思想与文化精粹，代表着人类已经到达过的精神境界。丛书系统译介世界学术经典，在者的在，而是追问在本身。”

海德格尔还进一步指出，只要在就是在者的在，那么追问在本身的问题就等于追问在和在者的区别问题。而在此可见回溯到在和在者的区别后面去是如何地迫切需要。而且根本困难就在于，还能对此区别说些什么与说到什么深度，真是不容易呀。

但是无论怎样困难，海德格尔又指出，形而上学的历史就是把区别遗忘的历史。而在此处的遗忘，并没有消极意义，其意思是：有抢救作用的隐蔽。真理，也就是无蔽境界，只有在有隐蔽的情况下才会有。在此无蔽境界中才出现在的澄明。在的澄明一出现，就分配给人。这样的分配就是在的天命。

海德格尔在其早期开的一门课《对亚里士多德的现象学注释》中说过：“古的(历史的)须就其本真意义来掌握和理解，否则一无所获。”(全集第 61 卷第 193 页)他就是凭这种精神在分析古籍正文的时候总是把义理摆出来使其变成当今的感受。这也是海德格尔终其一生没有丢弃过的一着功夫。他也是据此而从哲学思想上认为形而上学是我们的历史。



我们也是据此而译他的《形而上学导论》。

熊　伟

# 目　　录

# 前　言

本书是1935年夏季学期我在弗赖堡大学以同样的题目讲过的课，现经充分润色予以出版。

讲课时已说过的话在出版物中就不再说了。

为求完美，在没有改变内容的情况下，简化了冗长的句式，把一贯到底的文本作了诸多的分段，删去了重复的话语，补正了疏漏，澄清了含混。

圆括号中的文字是在修改润色的同时添写的，方括号中的文字是随后年代增加的注释。



要正确地思考讲课的标题中的“形而上学”这一名称具有什么样的意义以及出自什么样的根由，读者首先必须充分体会透此课的全境。

# Ⅰ.形而上学的基本问题

究竟为什么在者在而无反倒不在？这是问题所在。这问题恐怕不是个普普通通的问题。“究竟为什么在者在而无反倒不在？”显然这是所有问题中的首要问题。这个首要，当然不是时间序列上的首先。在时间性的历史进程中，个人也好，民族也好，询问的东西很多很多。因此，在遇到“究竟为什么在者在而无反倒不在？”这个问题之前，已经有多种多样的东西得到了昭示、探究和考察。不过，绝大部分人根本就不会遇上这个问题，因为所谓遇上这个问题，并不仅仅意味着这问题作为问句被说出来让人听见和读到，而且是说，对此问题提问，亦即：使问题得以成立，使问题得以提出，迫使自己进入这一发问状态中。

然而，每个人都会，甚至或许还会不止一次地，为这个问题晦蔽着的威力所掠过，却不明白是怎么回事。譬如，在某种完全绝望之际，当万物消隐不现，诸义趋暗归无，这个问题就浮现出来了。也许只出现一次，犹如一声浑沉的钟声，悠然入耳，发出缓缓的回音。在某种心花怒放之际，这个问题就来临了，因为这时，所有的一切都变了样，仿佛就像它们是第一次出现在我们周围。这时，仿佛我们更可能把握的是其所不是，而不是其所是及其如何是。在某种荒芜之际，这个问题就来临了。这时，我们既非绝望也非狂喜，但在者冥顽地习以为常扩展着某种荒芜，在这荒芜中，在者存在或不存在，这对我们似乎都无所谓。于是，问题就以独特的方式重又振聋发聩：究竟为什么在者在而无反倒不在？

但是，这个问题有可能被真正地提出，也可能鲜为觉察，就像一阵风，袭过我们的此在就突然了事，也可能死死地纠缠着我们，也还有可能被我们以任何一种借口重新遗弃和遮蔽。反正它从来不是一个在时间上要首先问及的问题。

不过，它却是在另一种意义上——就其地位而言——的首要问题。这个首要可以有三重含义。“究竟为什么在者在而无反倒不在”，我们说这个问题在地位上具有首要性首先指它是最广泛的问题，其次，它还是最深刻的问题，最后，它也是最原始的问题。

这个问题是最广泛的问题。它不会为任何一种在者所制限。这个问题涵括所有一切在者，即是说，不仅涵括最广义的、现在的现成存在者，而且涵括以往的曾在者和未来的将在者。这个问题的区域仅以非在者和绝不存在者，即以无为界。一切非无者，都落入这个问题，甚至最后包括无本身，这并不因为由于我们谈到它，它就成了某物，成为在者，而是因为它“是”无。我们的问题广泛到不可能再广泛了，我们所询问的既不是这，也不是那，也不是按位序逐个询问全部在者，而是辟头就询问在者整体，或者，从后面将要讨论的奠基问题着眼，我们说：询问如此这般的一个在者整体。

这个如此这般最广泛的问题因而又是最深刻的问题：究竟为什么在者在……？为什么，这就是说，根据是什么？在者由何根据而来？在者处于何根据之上？在者照何根据行事？这个问题不在在者身上询问这，询问那，询问它一向——无论在这里还是在那里——是什么？有何性质？由于什么而变动？有何用处？以及诸如此类的问题。此一追问是只消在者存在着就要为在者寻求根据。寻求根据，就是说：奠基，追溯到根据处。然而，既然还成问题，那么，下列问题就都还悬而未决：是否这根据真正起奠基作用，设立根基，是元根据（Ur-grund）？是否这根据舍弃了根基，成为深渊（Ab-grund）？是否这根据既非此也非彼，而仅仅是伪装成根基的某种或许必然的假象，从而是一种非根据（Un-grund）？无论是上述何种情况，总之这个问题要在根基上起决定作用，要为在者作为它所是的这样一个在者在起来建立根基。为什么的问题并不为在者寻求原因，寻求与在者本身同属一类并处于同一水准之上的原因。这个为什么的问题不浮荡在任何一种表面和表层，而是要渗入到奠基性的区域，并且直至极限；它离弃所有的表面和浅层，而深入底层，所以，这个最广泛的问题同时也就成为一切深刻问题中最深刻的。

这个最广泛且最深刻的问题最终又是最原始的问题。我们这样说是什么意思呢？设若我们就对之发问的东西的最广泛的程度，即存在者整体本身来思考我们的问题，无疑在提问之际，我们就会完全撇开各种特殊的、个别的，这样或那样的在者，我们说的是在者整体，没有任何特别的偏爱。不过，惟有**一种**在者，即提出这一问题的人，总是不断在这一追问中引人注目。然而，在问题中，至关重要的并不是任何一种特殊的和个别的在者。问题的区域是无限广阔的，因此，任何一个在者都处于同等地位。印度原始森林中的任何一头大象与火星上的任何一种化学反应过程以及随便什么诸如此类的东西都是同样存在着的。

因而，如果想要就“究竟为什么在者在而无反倒不在？”这个问题的本来意义展开这个问题的话，我们必须摒弃所有任何特殊的、个别的在者的优越地位，包括人在内。因为这个在者有什么稀奇！让我们设想一下处于广阔无垠的黑暗宇宙空间的地球吧，它犹如一颗微小的沙粒，与另一颗最近的沙粒相隔不下一公里。在这颗微小的沙粒上，苟活着一群浑噩卑微的、自问聪明而发明了认识一瞬的动物。（参见尼采：《论道德外的真理与谎言》，1873 年，后记。）在千百万年的时间长河中，人类生命的延续才有几何？不过是瞬间须臾而已。在在者整体中，我们没有丝毫的理由说恰是人们称之为人以及我们自身碰巧成为的那种在者占据着优越地位。

但是，只要在者整体进入了上述问题，那么，这一发问与在者整体，以及在者整体与这一发问之间便有了一种独特的，因而也就是特殊的关系。因为，通过这一发问，在者整体才得以作为这样一个整体，以及向着其可能的根基展开并且在发问中保持其展开状态。这一问题的发问涉及在者作为这样的在者整体，这样的发问不是在者范围之内随意发生的一种事件，譬如落下的雨点之类。这个“为什么”的问题仿佛直面在者整体，仿佛从这一在者整体中脱出，尽管绝不是完全脱出。它的特殊地位恰恰就是由此而获得的。由于这一发问迎向在者整体，然而它又并未与这一整体完全脱离，这样，这一问题所询问的东西就返冲到问题本身上。为什么有这个为什么？这个为什么的问题本身如此胡搅蛮缠地对在者整体的根据提问的根据何在？这个为什么不仍旧还是在询问进一步的根据吗？这样下去，所询问的根据者不还总是在者吗？然而，如果就存在问题的内在等级和它的演变而言，这一最先问出的问题不就在等级上是第一的吗？

的确，提出还是不提出“究竟为什么在者在而无反倒不在？”这个问题根本就不会麻烦在者自身。不提这个问题，星球照样按照它的轨道运行；不提这个问题，万物照样生机勃勃地成长。

但若问题确被提出，若发问确已进行，那么，就必定会从被询问的与向之询问的东西那里生发出一种向着问题自身的反冲。这一发问因此也就根本不是什么任意的过程，而是一种特殊的事件。我们称之为历事(Geschehnis)。

这个“为什么”的问题在所有直接植根于它的问题中扩展自身，它是任何其他问题都无法与之比拟的。它探求它自身的为什么。从外表上乍一看，这个“为什么有这个为什么”的问题，犹如一种戏谑，陷入了“为什么”的无穷递推之中，又好似一种关于毫无实际内容的东西的空洞而又夸张的谎言。看上去确实如此。不过问题在于，我们是不是愿意做这种着实浅薄的外观的牺牲品，并从而以为一切都已完结了呢？还是有能耐在这个为什么的问题对自己本身的反冲中经历到一种具有激发性的历事呢？

假若我们不为这种外观所迷惑，假若我们有足够的精神力量，真正使得问题反冲到它自己的“为什么”中去，因为这一反冲自然不会自己造成，在这两种假若的情况下，这一“为什么”的问题就会根本摆脱所有纯粹语词游戏而作为询问在者整体本身的问题显现出来。在此情况中，我们就会体会到，这一特殊的“为什么”的问题是在一跃(Sprung)中有其根基。通过这一跳跃，人就从所有先前的，无论是真实的还是似是而非的他的此在之遮蔽状态中完成一次起跳(Absprung)。这一问题的发问仅只是在跳跃中并且作为跳跃才有，否则就根本不会有此发问。今后将会澄清这里所讲的“跳跃”意指什么。我们的发问还不是跳跃；为此，发问首先还需要得到改变；发问还停留着，不知不觉，面对着在者。现在足以指出，这一发问的跳跃为自身跳出了(er-springt)它自己的根源，即通过跳的方式促成了它自己的根源。这样一种将自身作为根源跳出来的跳跃，我们据其词的本义称为一种渊源(Ur-sprung)：跳出一自身一根源(das Sich-den-Grund-er-springen)。因为“究竟为什么在者在而无反倒不在？”这个问题为一切真正的问题跳出了根源，所以它是渊源，我们就必须承认它是最原始的问题。

作为最广泛、最深刻的问题，它又是最原始的问题，反之亦然。

这个问题在这样三重意义上是第一位的，即：在这个问题以给出尺度的方式敞开的奠基性的领域内，这个问题依其等级而论在发问的秩序上是第一位的。我们的问题是所有一切真正的，即自身向自身提问的问题的问题。这一问题，无论有知还是无知，都必定会在提每一问题时被提出来。如果这一所有问题的问题没有得到把握，即没有被询问，那么，任何发问因而就是任何科学“疑问”都是自身不可透解的。我们要从第一个钟头起就明确在心：是否一个人，是否我们真实地追问着这个问题，亦即跳跃入这个问题，或者是否我们仅仅是停留在说空话上，这两回事都绝不是客观地确定得下来的事。一个人的历史的此在对此一追问之为原始的力量一向是陌然不晓的，所以一到一个人的历史的此在的领域之内，这个问题立刻就丧失了它的品位。

对于那些认为圣经是上帝的启示和真理的人来说，在询问“究竟为什么在者在而无反倒不在？”这个问题之前就已经有了答案，这答案就是，在者，只要它不是上帝自身，就是为上帝所造。上帝自身作为非被造的造物主而“在”。站在这种信仰的基地上的人，虽然能够以某种方式跟着我们并随同我们追问这个问题，但他不能够本真地追问，而又不放弃自身作为一个信仰者以及由此一步骤带来的一切后果。他只能用好像是如何如何的办法做事。然而再说那样一个人的信仰，即使他不是经常处于不信仰了的可能性中，也根本不是信仰，而只是一番凑合和一番自行约定，约定今后总遵循一种随便什么样的传统的教义罢了。于是乎，它既不是什么信仰也不是什么追问，而是一种无所谓，这种无所谓对一切都可能忙上一阵，甚至还忙着兴致勃勃，对信仰或对追问都一样。

信仰安然作为一种独特的处于真理之中的方式。指出此一安然当然不是说圣经的开篇“起初，上帝造天地……”是对我们问题的解答。且不管圣经的这一说法对于信仰来说是真还是不真，反正它全然不是对我们问题的解答，因为它与这个问题毫无关联。之所以毫无关联，是因为根本就无法取得这种关联。在我们的问题中所实实在在地询问的东西，在信仰看来只是一桩蠢事。



哲学就存在于这桩蠢事之中。一门“基督教哲学”是 种木制的铁器，是一套误解。当然，对基督教经验世界，即信仰也有一种思索和探寻式的研究，这就是神学。只有当人们不再完全相信神学任务的伟大之时，才会生出那种毁败的见解，认为神学只能经过哲学的洗礼才可成立，甚至要被取代以适合时代口味的需要。对于原始的基督信仰，哲学是一桩蠢事。进行哲学活动意味着追问：“究竟为什么在者在而无反倒不在？”而这种询问则意味着，通过澄清所要询问的东西去冒险探究和穷尽在这一问题中不可穷尽的东西。哪里出现了这样的活动，哪里就有哲学。

如果我们想为了更清楚地说明什么是哲学而喋喋不休地总是在谈论哲学，那就会在毫无结果的起步阶段上停滞不前。但是，有一些东西是那些有志于哲学的人所必须知道的。对此可以简略地叙述。

哲学的一切根本性问题必定都是不合时宜的，之所以如此，是因为哲学或者远远超出它的当下现今，或者反过头来把这一现今与其先前以及起初的曾在联结起来。哲学活动始终是这样一种知：这种知非但不能被弄得合乎时宜，倒要把时代置于自己的准绳之下。

哲学本质上是超时间的，因为它属于那样极少的一类事物，这类事物的命运始终是不能也不可去在当下现今找到直接反响。要是这样的事情发生了，要是哲学变成了一种时尚，那就或者它不是真正的哲学，或者哲学被误解了，被按照与之无关的某种目的误用于日常需要。

从这个意义上说，哲学也就不是一种人们可以像对待工艺性和技术性的知识那样直接学到的知识；不是那种人们可以像对待科学的和职业性的知识那样直接运用并可以指望其实用性的知识。

然而，这种无用的东西，却恰恰拥有真正的威力。这种不承认日常生活中直接反响（Widerblang）的东西，却能与民族历史的本真历程生发最内在的共振谐响（Einklang）。它甚至可能是这种共振谐响的先声（Vorklang）。超时间的东西会拥有它自己的时间，哲学也是如此。这样，就无法想当然地一般地确定哲学的任务是什么以及该从哲学要求什么。哲学发展的每一个阶段,每一个开端都有自身的法则。人可以说的,只有哲学不是什么,哲学不能做什么。

一个问题被说出来了:"究竟为什么在者在而无反倒不在?"这个问题占据了第一的位置,已经讨论过,它在何种意义上是第一位的。

我们简直还没有问出这个问题,就一下子转而去作关于这个问题的讨论了。这种说明是必要的,因为对这个问题的发问和一般惯常的情况截然不同。不可能有一条循序渐进的通道从我们习惯的情况出发来逐步熟悉我们的问题。因此,这个问题必须像是事先就想象出摆到面前来(Vor-gestellt werden)的那样。另一方面,在进行这一想象与谈论这一问题时,我们不可以撇开发问活动,甚至完全忘却它。

让我们用上面的讨论来作为我们的绪论。

* * *

精神的每一种本质形态都具有模糊性。一种形态与其他形态越是不可比较,发生误解的情况就越多。

在人类历史的此在的不多的几种可能的,同时又是必需的独立创造活动中,哲学是其一。目前流行着关于哲学的种种误解,这些误解虽然或多或少地也说中了几分,但都是短见的。这里仅仅只想指出两种误解,这对于弄清当今以及将来的哲学状况十分重要。

一种误解在于对哲学的本质要求过多,而另一种则在于曲解了哲学的起作用的意义。

大体说来,哲学总是通过强调人类自身在其在中所获得的意义和目标设置,而把目标指向在者的最初的和最后的根据。由此,就极容易造成这样一种假象,仿佛哲学能够而且必须为当下以及将来的历史的此在,为一个民族的时代创造出文化足以建筑于其上的基础来。然而,对哲学的能力的本质做这样的期望和要求未免过于奢求。这种奢求的情况大多以对哲学加以指责的形式表现出来,例如,有人说应当拒斥形而上学,因为它未尝有助于革命的准备。这就滑稽可笑了。就好像一个人说,因为木工刨床不能载人上天,所以应当丢弃它一样。哲学从来就不可能具有**直接性**的力量,不可能造成生发一种历史状态的方法和机会。之所以如此的原因之一,是因为哲学总只是极个别人的直接事务。是哪些人呢?是那些创造性的改革家。哲学的广大影响只有通过间接的方式和绝不可能预知的迂回道路发挥出来,直至最终在某个时候沦为此在的一种不言自明的状态,而在此时早已把原初的哲学忘记了。

因此,与上述观点不同,哲学按其本质只能是而且必须是一种从思的角度来对赋予尺度和品位的知之渠道和视野的开放。一个民族就是在这种知并从这种知中体会出它在历史的精神世界中的此在并完成其此在。正是这种知,激发着而且迫使着而且追求着一切追问和评价。

第二种误解,我们上面已经提及,是曲解了哲学的起作用的意义。人们以为,即使哲学不可能为一种文化创造出基础,它至少还可以为文化建设创造便利,也就是说,或者哲学可以用来从概观和体系上整理在者整体,提供一幅关于各种各样可能事物以及事物领域的世界图景，世界画面，并由此指明一般的和带有规律性的方向；或者它通过思考科学的前提，科学的基本概念和基本命题在某些方面为科学减轻负担。这样，哲学就在一种创造便利的意义上被期望于用来促进乃至加速实践性—技术性的文化进程。

但是，就其本质而言，哲学绝不会使事情变得浅易，而只会使之愈加艰深。这样说并非毫无根据，因为日常理性不熟悉哲学的表述方式，或者甚至认为它近乎痴呓。哲学的真正功用恰恰就在于加重历史性此在以及从根本上说是加重绝对的在。艰深使得万事万物，使得存在者重新获得凝重（在）。为什么这么说呢，因为沉重艰深是一切伟大事物出现的基本条件之一，而我们正是首先根据这些伟大事物来考虑一个历史上的民族以及它的成就的命运。但是，只有在此在掌握了对事物的真知之处，命运才出现，而哲学就开放着这样的真知的途径和视界。

哲学总是不断地为误解层层围住，而这些误解现在大多又为像我们这样的哲学教授们所加剧。教授们习惯于——这是正当的，甚至是有用的——按教育的要求传授迄今流传下来的哲学知识，这样看来，似乎这些知识就成了哲学本身，其实，这至多也就只是一门哲学学科罢了。

提出和纠正上述两种误解并不会使你目前一下子就弄清楚了什么是哲学。但是，一旦当你遇到最流行的判断乃至似是而非的经验向你猝然袭来之际，你要善于思考并感到惊异。这种情况常常是以一种全然无碍而且迅即通行的方式出现。人们相信自己的经验并且听到这些经验很容易得到证实：哲学“生不出什么东西来”，“凭哲学什么都干不了”。这两种尤其在科学教师和学者中广为流传的说法，是他们的确定信念的表达，而其信念确有不容争辩的正确性。谁反对他们而仍试图证明，最终还是有“某些东西生出来”，实际上，谁就只是加剧和巩固了盛行的误解，此误解所从出的先入之见认为，人可以按照日常生活的标准来评判哲学，就像人可以按照这种标准来估价自行车的效用和评断蒸汽浴的实效一样。

拿“哲学什么都干不了（无从下手）”，这种说法全然不错而且十分确切。错只错在以为这个关于哲学的判断就此了结了。也就是说，还可以以反问的形式小作补充：如果说我们用哲学已无可着手了，那么，哲学是否最终就不是和我们发端什么事了呢（假若我们是深入哲学的话）？关于什么不是哲学，我们说这些话也就可以弄清楚了。

一开始我们就提出了这个问题：“究竟为什么在者在而无反倒不在？”我们还断言：哲学活动就是对这一问题的追问。如果我们有所远见，沿着这一问题的方向思下去，那么，我们首先就不会停留在在者的任何一种日常领域中。我们超越了日常事物，我们所询问的不是日常熟悉的和处于日常秩序中的正常事物。尼采曾经说过：“哲学家就是那种不断经历着，不断地看，不断地听，不断地怀疑，不断地希望，不断地梦想那超乎寻常的事物的人。”（《尼采全集》第七卷，第 269 页。）

哲学活动就是询问那超乎寻常的事物。然而，正如我们已经提及的，这种发问对自身有一种反冲力，所以，不仅所问的东西是超乎寻常的，而且发问自身也是超乎寻常的。这就是说，这种发问不是就在路边，不是我们某天某日可以毫不经心地，甚至意外地碰上的，它也并非存于日常生活的习惯秩序中，以至于我们由于某些要求甚至规程而不得不发问。这种发问也不会在满足紧急生计需要的圈子内提出来。这种发问本来就与日常秩序无关。它完全是自由自在的,完全并真正地立足于自由的神秘基础之上,立足于我们称之为“跳跃”的基础之上。因此,尼采说:“哲学……,就是在冰雪之间和高山之巅自由自在地生活。”(著作第十五卷,第 2 页。)于是,我们现在可以说,哲学活动就是对超乎寻常的东西作超乎寻常的发问。

西方哲学最先的和决定性的发展是希腊时代。对存在者整体本身的发问真正肇端于希腊人,在那个时代,人们称存在者为 φύσις,希腊文里在者这个基本词汇习惯于译为“自然”。在拉丁文中,这个译名,即 natura 的真正意思为“出生”、“诞生”。但是,拉丁译名已经减损了 φύσις 这个希腊词的原初内容,毁坏了它本来的哲学的命名力量。这种情形不仅在这个词的拉丁文译名中发生,而且也同样存在于所有其他从希腊语到罗曼语的哲学翻译中。这一从希腊语到罗曼语的翻译进程不是偶然的和无害的,而是希腊哲学的原始本质被隔断被异化过程的第一阶段。这一罗曼语的翻译后来在基督教中和在基督教的中世纪成为权威性的。近代哲学从中世纪过渡而来,近代哲学在中世纪的概念世界中运行,并从而创造了那些仍在流行的观念和概念词汇,而今天的人们依然通过这些观念和概念来讲解西方哲学的开端。这样含意的开端就是今天人们号称早已克服了且已弃置身后的东西。

但是,我们现在跳过了这整个的畸变和沦落的过程,并且企求重新获得语言和语词之未遭破损的意指力量,因为语词和语言绝非什么事物都可装入其中赖以交谈和书写方式进行交流的外壳。

事物在言词中、在语言中才生成并存在起来。因此,语言在纯粹闲谈中,在口号以及习语中的误用使我们失去了与事物的真实关系。那么,φύσις这个词说的是什么呢?说的是自身绽开(例如,玫瑰花开放),说的是揭开自身的开展,说的是在如此开展中进入现象,保持并停留于现象中。简略地说,φύσις就是既绽开又持留的强力。按照词典的解释,φύειν的意思为生长,使成长。但是什么是成长呢?仅仅是量上的增多,是变得愈来愈多和愈来愈大吗?

φύσις作为绽开是可以处处经历到的,例如,天空启明(旭日东升),大海涨潮,植物的更生,动物和人类的生育。但是,φύσις作为绽开着的强力,又不完全等同于我们今天还称为"自然"的这些过程。这种绽开和既朝里又朝外的绽出(In-sich-aus-sich-Hinausstehen)不可与我们在在者那里观察到的过程混为一谈。这一φύσις是在本身,赖此在本身,在者才成为并保留为可被观察到的。

希腊人并不是通过自然过程而获知什么是φύσις的,而是相反。他们必得称之为φύσις的东西是基于一种对在的诗一思的基本经验才向他们展示出来的。只有在这种展示的基础上,希腊人才能看一眼狭义的自然。因此,φύσις原初地意指既是天又是地,既是岩石又是植物,既是动物又是人类与作为人和神的作品的人类历史,归根结底是处于天命之下的神灵自身。φύσις意指绽开着的强力以及由这种强力所支配的持留。像"在"(从滞留不变的狭义来理解的在)一样,"变易"也包括在这种绽开着,同时又持留着的强力中。φύσις就是出一现(Ent-stehen),从隐秘者现出来并且才使它驻停。

但是，如像在大多数的情形下那样，φύσις 不是在原初的意义上被理解为绽开着，又持留着的强力，而是在后来和今天的意义上被理解为自然；此外，如果物质实体，像原子、电子这些近代物理学作为 Physis 来研究的东西的运动过程被规定为自然基本现象，那么，希腊人最初的哲学就在走向一种自然哲学，走向一种认为所有事物本来都具有物质本性的想法。于是，希腊哲学的开端，像日常理性所理解的开端那样，造成了我们又是在拉丁文中描述为原始的东西的印象。这样说来，希腊人根本就成了那种对近代科学盲然无知的霍督屯人的较高形态而已。撇开这种认为西方哲学的开端为原始的看法的一切荒唐处不谈，这里要说的是，这种解释忘记了重要的事是哲学，是人类罕见的伟大事业之一。所有的伟大事物都只能从伟大发端，甚至可以说其开端总是最伟大的。渺小的东西则总是从渺小启端，如果说这种渺小的开端也有几分伟大的话，那只在于它使一切都变小了。崩溃是从微小开端，但从导致全体毁灭之巨量的意义来说，也可以说是伟大了。

伟大的东西从伟大开端，它通过伟大东西的自由回转保持其伟大。如果是伟大的东西，终结也是伟大的。希腊哲学就是如此，它以亚里士多德作为伟大的终结。只有平常理智和渺小的人才会设想伟大的东西是无限持续的并将这种持续视为永恒。

希腊人将在者整体本身称为 φύσις。这里顺便提一句，尽管φύσις这个词的原始意义在希腊哲学的经验、知识和姿态中并没有丧失，但它受到制限，在希腊哲学中就已经开始。当亚里士多德谈及在者本身的原因时（参见《形而上学》I，1003a[27]）这种关于原始意义的知识仍还烁烁闪现。

但是，φύσις 在“物理学的”方向中受到限制的情况还不是以像我们今天的人们所想象的方式出现的。今天我们将物理的东西与“心理的东西”，与有灵的、有活力的、有生命的东西对立起来，但所有这一切在希腊人那里以及稍后一段都还属于 φύσις。希腊人将与 φύσις 相反的现象称为 θέσις，设置、章程或者 νόμος，道义意义上的规范、准则。但这不是道德的，而是有道义的，这种道义植基于自由的约束和传统的取向，涉及自由的所作所为，涉及人类历史性的在的形成；它是 ἦθος，它后来在道德的影响下降为伦理的了。

φύσις 还通过与 τέχνη 相比照来制限自身——其意义既不是艺术，也不是技术，而是一种知，是对自由计划和安排有所知以及对一切安排有所支配的把握（参见柏拉图《斐德若篇》）。τέχνη 是在有所知的产一出（Hervor-bringen）的意义上的制造与建造。至于（φύσις 与 τέχνη 本质上的相同尚需经过特别的考察才可弄清）与物理的东西相反的概念是历史的东西，这是一个在者的区域，一个为希腊人同样在原初地进一步加以把握的 φύσις 的意义上理解的在者的区域。但这与自然主义者关于历史的解释毫不相干。这样的在者整体是 φύσις，也就是说，就其本质和特征而言，它拥有既绽开又持留的强力。这样一种既绽开又持留的强力首先在以某种方式最直接地突现出来的东西中然后在意指着较狭意义下的 φύσις的东西那里被体验到。这个东西即 τὰ φύσει ὄντα，τὰ φυσικά，自然的在者。如果要一般地询问 φύσις，也就是说，询问这样的在者是什么，那么，τὰ φυσει ὄντα 首先就给出了支撑点，然而给支撑点的条件是，发问劈头就不许驻足于无生命物、植物、动物等等这个或那个自然的领域，而必须超出 τὰ φυσικά。

在希腊文中，μετά意为“越出”，“超出”。对这样的在者的哲学发问就是 μετὰ τὰ φυσικά；问出在者之外去，就是形而上学。至于逐一追溯这一名称出现以及含义变化的历史，这在目前并不重要。

因此，我们认之为在地位上首要的问题，即“究竟为什么在者在而无反倒不在？”就是形而上学的基本问题。形而上学这个名称被用来称谓所有哲学的起规定作用的中心和内核。

〔上面这所有论述因为以导论为目的而讲得肤浅，因而根本上还模棱两可。按照对 φύσις 这个词解释，它就是在者之在。假如在问 περὶ φύσεως 时乃事关在者之在，那么关于物理的探究，即古老意义上的“物理学”，就已经超越了 τὰ φύσικά，超越了在者而处于在之中了。“物理学”从一开始就规定了形而上学的历史和本质。即使在把在视为 actus purus（托马斯·阿奎那），视为绝对概念（黑格尔），视为同一意志向着强力的永恒回归（尼采）的种种学说中，形而上学也还仍旧是“物理学”。〕

这样来追问在的问题却具有另外的本质和另外的渊源。

人们如果在形而上学的视野范围内并且用形而上学的办法进行思考，那就很可能把追问这样的在的问题当作仅仅是对追问这样的在者的问题的机械重复来处理。于是追问这样的在的问题就仅仅是一个超越的问题，虽然这是在一种较高层次上的超越。对追问这样的在的问题作这样的重新解释就把这个问题要作符合事情本身情况的展开的通道堵塞了。

但是,这种重新解释是显而易见的,特别是因为《存在与时间》中谈到过一种"超越的视界"。不过,"超越"在那里并非意指主观意识的超越,而是由此在的生存论绽出的时间性所规定的超越。之所以出现把追问这样的在的问题重新解释为与追问这样的在者的问题居然形式等同了的情况,首先是因为追问这样的在者的问题之本质渊源以及与之相关的形而上学的本质都始终晦而不明。这种晦而不明就使得所有无论以什么方式去针对在进行的追问都处于不确定状态。

在此试写的"形而上学导论"就是要使"在的问题"的纷乱事态映入眼帘。

按照流行的见解,"在的问题"就是对在者本身的追问(形而上学)。但是,从《存在与时间》的想法来说,"在的问题"就是对在本身的追问。"在的问题"这个提法的含义有内容和语言两个方面的,而"在的问题"在对在者本身进行形而上学的追问的意义之下恰恰就不以在为主题来进行追问了,在依旧被遗忘。

与"在的问题"这一提法的双关情况相应,关于"在的遗忘"的说法也有双关情况。人们确信,形而上学就是询问在者之在,因此,硬说形而上学遗忘了在,岂不滑天下之大稽。

倘若我们将在的问题在追问在本身的意义之下来考虑,那么每一位一同考虑的人都会看清楚,对形而上学来说,这样的在恰恰是隐蔽不见的,一直处于被遗忘状态中,这种情况是如此地致命,竟至于在的遗忘这回事本身又遭遗忘,成为鲜为人知的,但却是不断的对形而上学发问的冲击。

如果我们是为对不确定意义上的"在的问题"进行讨论而选用

“形而上学”这个名称，那么这门课的标题仍然是有歧义的。因为乍看上去，似乎这一追问没有越出在者本身的视野，与此同时，这一追问又从第一句话就力图挣脱这一领域，以期将另一范围以追问的方式带入眼帘。于是这门课的标题也是有意识地有歧义的。

这一课程的基本问题与形而上学的主导问题不一样。从《存在与时间》出发，这一课程追问“在的敞开状态”（《存在与时间》第21页以下与第37页以下）。所谓敞开状态是说展开那由在的遗忘所晦蔽和遮蔽的东西。惟有通过这样的发问，迄今一直被遮蔽着的形而上学的本质处才会透入一线光亮。

因此，《形而上学导论》指的就是导入对基本问题的追问。但是追问，甚至整个基本问题的追问的出现都不像石头和水那样简单。有问题不像有鞋子有衣裳或者有书籍那样简单。问题在而且在得仅仅像它们实际被问的那样。可见导入对基本问题的追问并不是走向位于某处的某个东西，而是这种导入必须是最初的唤醒追问和创造发问。这个导就是一种询问着的向前，就是向前探问（Vor-fragen）。就其本性而言，这种导没有任何跟随的成分。凡是有这样的某物宣告自生的地方，例如某个哲学学派，追问就被误解了。这样的学派只能存在于科学工艺工作的领域内，在那里，所有的一切都有其固定的位序。此一工作虽也必然地隶属于哲学，但在今天却失落了。即使最卓越的工艺才能也绝不能替代看、问、说的本真力量。

“究竟为什么在者在而无反倒不在？”这就是问题。仅仅说出这个问句，即使是以问的声调，还不是追问。这一点可由下面的事实看出，即便我们一而再、再而三地重复这个问句，也不会由此而

使问题增添更多的活力,恰恰相反,这样重复地说来说去只会使追问陷入迟钝麻木。

即使这个问句不是问题,并且不是追问,这个问句也不可以算成单纯的语言传达形式,即算成好像问句只不过是把“关于”一个问题的话说出来完事。当我对你们说“究竟为什么在者在而无反倒不在?”时,我问和说的目的并不是要向你们传达目前在我这里有一个发问过程在开动。固然这一说出的问句也可以被这样领会,可是此一追问恰恰是被充耳不闻了。这就是说你既没有和我一道发问,也没有自己发问,根本没有唤起一点疑问甚至一丝疑问意识。这种疑问意识处于一种愿知(Wissen-wollen)中。愿,这绝不是单纯的希望和欲求。希望知的人,看起来也在问,但他不会超出只是说这个问题的范围,他恰恰是在问题开端处止步。发问就是愿知。谁愿,谁将他整个的此在置入一番意愿中,他就在决断。这种决断不推脱,不逃避,而是当下行动而延续不断。决断不是单纯地作决定要行动而已,而是通过一切行动来在先而又贯穿前后的起决定性作用的行动的开端。愿就是决心存在(Entschlossensein)。〔这里将愿的本质追溯到决断,但决断的本质却并不在于积蓄“表演”的能量,而在于人的此在为着在的澄明而去蔽(Entborgenheit)。(参见《存在与时间》第四十四节和第六十节。)然而,与在关联就是“让”。所有的愿都植基于让,而理智对此却一无所知。(参见《论真理的本质》一九三〇年)〕

但是,所谓知就是:能立于真理中,真理是在者的坦露,因此,知就是能立于在者的坦露中,坚持在者的坦露。单纯有知识,即使这种知识很广博,也不是知;即使这些知识经过循序渐进的学习和

考试的裁定而最后成为实践中最重要的东西，也不是知；即使这些知识是根据最基本的需求加以剪辑而来，因而“接近生活”，但对它们的拥有也绝不是知。由于真正的现实性总是不同于市侩庸人们所理解的生活现实，所以，尽管一个人可能拥有上述的知识同时还有几手实际技能，但他仍然盲然无知，仍然必不可免地是个半瓶醋。为什么呢？因为他没有知，而所谓知就是：能够学习。

日常理智当然认为，有知的人就不需要再学习了，因为他已经学成了。差矣！所谓有知的人只是指那种领会到他必须总是不断地学习，并且在这种领会的基础上首先使自己进入那种能够不断地学习的境界的人。这要比拥有知识难得多。

能够学习以能够发问为前提条件。发问就是上面所解释的愿知，就是向着能够立于在者的坦露状态的决断。因为我们这里所涉及的是对第一位的问题发问，所以显然不仅愿，而且知都采取了最原本的方式。由此看来，尽管问句真真切切地以发问的方式在说并且以参与发问的方式被听，但它对详尽地表述问题却是那般地不中用；那在问句中虽然触及，但同时又被封闭和包裹的问题正是要被打开的。持问的态度必须在打开问题的过程中得到澄清、保障，并通过训练而巩固下来。

我们下一步的任务在于展开“究竟为什么在者在而无反倒不在？”这个问题。这个问题是从什么角度提出的呢？首先，这个问题是通过问句的形式表达出来的。可以说问句给出了问题的大概轮廓。因此，对这个问句的语言上的理解必然是相当宽松的。现在，让我们就这一方面来看看我们的问句。“究竟为什么在者在而无反倒不在？”，这个句子包含“究竟为什么在者在”这一片断。问题赖此片断其实已经提出来了。问题的提出由两点构成：1. 要把进入问题的东西的确定陈述法探询出来；2. 要把被探询的东西探询到什么情况中去，要按照什么而追问陈述出来。因为什么是被探询的，什么是在者，这一点必须鲜明而毫无歧义地指明。要追问什么，什么被追问，即是为什么，也就是说理由。在问句中还继续写着“而无反倒不在”只不过是附加部分，此附加部分是为首须松弛而有导引作用的论说而冒出来作一语气转折的附加语，此转折语对被探询者与被追问者都没有说出什么更多的东西来，乃一有所渲染的空泛词藻。甚至可以说，倘若没有这种附加的，仅仅由于不那么严格的说法泛滥所造成的转折，问题就更加清晰和一针见血。“究竟为什么在者在？”然而，附加句“而无反倒不在？”并不仅仅由于追求一种对问题的严格把握而显羸弱，更是因为它根本什么也没说而更加羸弱。那么，我们在无那里还要进一步询问什么呢？无就是无而已。在这里问题再没有什么可以寻求的了。循着无的引导，我们根本别想获得丝毫关于在者的知识。

谈论无的人不知道他在做什么。说无，就通过这种说的行为将无变为某物。他有所说的说就与他所意指的东西相反，结果自相矛盾。但是，自相矛盾的说违反了说（λόγοs）的基本规则，违背了逻辑。谈论无是非逻辑的，谁非逻辑地谈论与运思，谁就是非科学的人。甚至在作为逻辑栖身地的哲学内部，谁要是谈论无，也会遭到异常强烈的指责，说他违反了一切思维的基本规则。这般的对无的谈论完全由无意义的命题构成。此外，谁要是严肃地对待无，也就是与虚无同流合污了。显而易见，他在促进否定性精神，为分裂效力。谈论虚无不仅仅完全违背常理，而且摧毁了各种文化与一切信仰的根基。凡是既蔑视有其基本规律的思而又破坏创建意志与信仰的就是纯粹的虚无主义。

基于上述考虑,我们将完全可以在我们的问句中删去“而无反倒不在”那句多余的空话,使之仅拥有一简洁的形式:“究竟为什么在者在?”

如果……,如果我们在把握我们的问题之际,或如果我们在对这个问题发问之际真像迄今为止所显现的那样无拘无束的,那么,上面的讲法就会一坦平途,毫无障碍。然而,通过对这一问题发问,我们就置身于一种传统,因为哲学始终总是询问在者的根据。哲学以这一问题作为它的开端,并且假如它有一伟大的终结而不是坠入某种无可奈何的崩解的话,它也将在这一问题中终结。询问在者的问题一经开端,询问非在者,即询问无的问题也就随之而现。这种对无的询问并不仅仅是一种表面的伴随现象,它就其广度、深度与原始性而言,它比询问在者的问题毫不逊色。对无进行发问的方式足以成为对在者发问的标尺和标记。

如果我们这样来考虑问题,那么起先说过的问句“究竟为什么在者在而无反倒不在?”在表达对在者的追问上就比上面的那个短句要合适得多。我们这里引入对无的谈论,并不是说话的不当或者过头,也不是我们的什么发明,而是对基本问题原初意义之流传的严格关注。

然而,这种对无的谈论就其一般而言仍旧悖于正常思维,就其具体而言仍旧颇具破坏性。无论是那些担心不能正确地遵守运思的基本规则的人,还是那些害怕没入虚无主义的人都奉劝不要去谈论无。但是,如果这种担心和害怕原是建立在一种误解的基础上的呢？事实就是如此。在这里起作用的误解不是偶然的，它建立在长久以来一直占统治地位的对询问在者的问题不理解的基础之上，而这种不理解就源出于一种愈来愈顽固的在的遗忘（Seinsvergessenheit）。

不过，我们目前还不能断然确定，逻辑以及逻辑的基本规则本身是否能够提供出用以追问在者本身的准则。或许可能恰恰相反，我们所熟悉的全部的，似乎天赐的逻辑正是植基在对询问在者的问题的一种完全确定的答案之上。因此，所有依照依统逻辑规则的思维从其一开始就根本不能哪怕只是理解一下询问在者的问题，更不消说实际展开这一问题和问答这一问题了。当人们援引矛盾律而且简直援引逻辑来证明所有关于无的运思与谈论均为背谬，因而也无意义之际，显现出来的实际上只是严格性与科学性的假象。在这里，“逻辑”被视为确保永恒性的法庭，任何一个有理性的人都绝不会怀疑它判定说法正确性的最初和最终权威。谁要是不按逻辑说话，谁就会被嫌疑为胡说八道与明显地不负责任。而这种单纯的怀疑又已被作为证据和反驳，从而不再去做进一步的与本真的深思了。

实际上，人们并不能把无当作某一外在事物，像雨、山或任何一种对象那样来谈论和处理。从根本上说，无是所有科学都无法通达的。谁要想真正地谈论无，就必须成为非科学的。不过，到目前为止大为不幸的是，人们以为似乎科学思维才是惟一的和真正严格的思，惟有它，也必须是它才能成为哲学运思的准绳。可事实却正好相反。一切科学的运思都只是哲学运思衍生出来的和凝固化了的形态。哲学绝不由也绝不通过科学产生。哲学与科学绝不齐肩并行，相反，哲学位于科学之先，这种在先并不仅仅指“逻辑上的”或者说它处于科学总体系的范围内。哲学处于与精神性的此在的一种完全不同的领域中和地位上，只有诗享有与哲学和哲学运思同等的地位。但是，诗与思又不相同。对于科学来说，无论什么时候谈论无都是大逆不道和毫无意义的。与之相反，除了哲学家之外，诗人也是谈论无的，这不仅仅因为按照日常理智的看法在诗中较少严格性，而且更因为在诗中(这里指的只是那些真正的和伟大的诗)自始至终贯穿着与所有单纯科学思维对立的精神的本质优越性。由于这种优越性，诗人总是像说在者那样说出与说及它们。在诗人的赋诗与思想家的运思中，总是留有广大的世界空间，在这里，每一事物：一棵树，一所房屋，一座山，一声鸟鸣都显现出千姿百态，不同凡响。

凡真正地谈论无总是不同凡响的。这里没有通俗可言。但是，一旦置入只有逻辑的敏锐洞察力的酸液中，它就立刻冰消玉解。因此，绝不可能像临摹一幅画那样直接地去说无。但是说无的可能性却可以提示出来。这里，我想引一段从诗人克鲁特·哈姆逊(Kaut Hamsun)的一部晚年作品“路漫漫”(一九三四年德译本，第464页)中摘出来的话。这部作品与“流浪汉”，“奥古斯特”组成一个整体。它描述了奥古斯特的最后年月和结局。在那里，当今人类已被连根拔除了的全能仍然以并没有沦入平庸的此在方式显现出来，这种此在尽管已陷入绝望，但仍保持纯真与优越。奥古斯特的最后时光是在高山之巅的孤寂中度过的。诗人吟道：“他，端坐在这里，两耳之间，倾听着真正的空寂。一个幻象，十分可笑。大海之上(曾泛于海上)有某种东西翻腾着，那里可以听见潮水的咆哮声。而这里，却是虚无碰撞着虚无，什么都没有，连个空空的洞也没有。欲说还休，欲说还休。”

最后，关于无还有一种独特的情况。让我们重新开始并彻底地询问我们的问句，来看看“而无反倒不在”究竟是一仅仅什么也没有说的，任意添加的语气转折呢，还是在这一目前对问题的表述中具有某种根本性的意义呢？

为此，我们首先还是来考察一下那个简略了的，似乎更为简单和严格的问题：“究竟为什么在者在？”如果我们这样追问，我们就是从在者出发。在者在着，它是被给予的，是处于我们对面的，因而是任何时刻可发现的，也为我们在某些领域中所熟悉。现在，这样一个放出来的在者被直接地问及它的根据是什么？这一发问直截了当地涉及一种根据。这一过程简直好像只是一种惯常过程的拓宽与扩大罢了。例如，哪里有葡萄园，哪里就不可避免地会出现某种危害葡萄的病害。有人或许会问：葡萄病害这种东西是从哪里来的？其原因（根据）在哪里？是什么？这样在者就整个出现了。人们问：根据何在，是什么？这种发问的方式以简单的形式表现出来就是：为什么在者在？其根据（原因）在哪里？是什么？不用说我们是在询问另一种更高的在者。然而在此问题还根本没有触及到在者整体本身。

但是，假如我们现在以最初设定的问句形式追问：“究竟为什么在者在而无反倒不在？”，那么这附加的后半句就会防止我们直接只去追问那毫无疑问已摆出来的在者，而未必还去追问已经进一步追求的在起来的根据。这样一来，这个在者就被以追问的方式推出去，推到不在的可能性中去了。由此这个“为什么”就获得了完全与先前不同的威力和发问的紧迫性。为什么这一在者失去了不在的可能性呢？为什么这一在者不干脆总是落回到不在中呢？这一在者现在已不再是一旦如此就现成的在者，它处于摇摆不定的状态中，全然不管我们是否认识到了它全部的确定性和是否全面把握了它。只要我们将这个在者置入问题中，它就总是这样摇摆不定，这种摇摆的幅度可以达至这一在者的最极端的和最尖锐的相反可能性，达至这个不在和这个无。与此同时，对“为什么”的寻求也发生了转变。这种寻求的目标并不简单地只是为现成在者提供出一套也是现成的解释根由，而是要寻求一种根据来说明那作为对无的克服的在者何以会占据主导。这个被追问的根据现在是作为决定在者与无相反的根据而被问及的，更确切地说，是作为在者的摇晃的根据而被问及的。在者既承担我们又失落我们，它一半在，一半不在，由此，也就可以说，我们不可能完全属于任何一种物，甚至不可能完全属于我们自己。虽然如此，但此在却还总是我的。

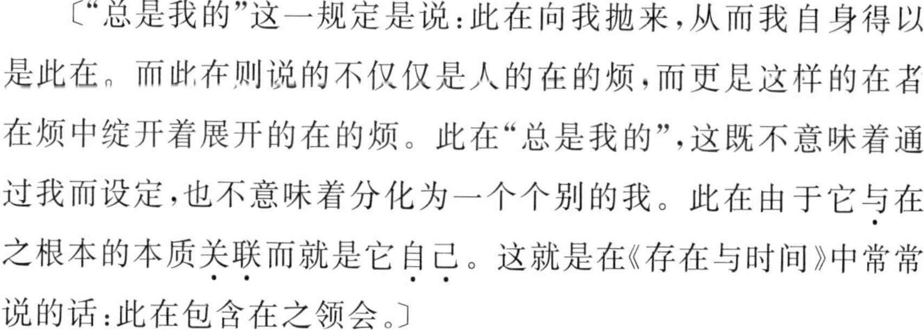

〔“总是我的”这一规定是说：此在向我抛来，从而我自身得以是此在。而此在则说的不仅仅是人的在的烦，而更是这样的在者在烦中绽开着展开的在的烦。此在“总是我的”，这既不意味着通过我而设定，也不意味着分化为一个个别的我。此在由于它与在之根本的本质**关联**而就是它**自己**。这就是在《存在与时间》中常常说的话：此在包含在之领会。〕

这样，就已经更清楚了，这个“而无反倒不在？”绝不是什么对于真正的问题的多余的附加，这个语气上的转折是整个问句的本质性的成分。作为完整的问句，它说出的是与“为什么在者在？”这个问题完全不同的另一个问题。随着我们的询问，我们就把自己放入了在者，其放入的方式使在者赔出了其作为这个在者的自明性。这一处于最宽泛和最严格的“或在者——或无”的振幅可能性之内的在者由于陷入了摇摆，询问本身也就丧失了任何一种牢固的基石。连我们询问着的此在，也进入此摇摆之中并恰恰在摇摆中由自己保持其为自身。

但是，我们的追问并不会使在者改变在者始终是其所是以及如何是。而我们的发问仅仅是在我们之中的一种心灵精神进程，正如这种进程日常所进行的那样，它不会丝毫损害在者本身。确实，在者保持为它向我们所公开出来的那样。然而，在者不会推卸掉由自身值得追问的事，推卸得它竟至于不作为其所是以及如何是而在了。我们绝不会经验到这种可能性仅仅是我们才想到的事，而是在者自身显示出这种可能性，显示出自身作为处于这种可能性中的在者。我们的发问只开启这个领域，从而使在者在这种值得追问的状态中得到曝光。

关于这一发问过程，我们所知的还只是太笼统和太少。在这一发问中我们似乎完全属于我们自己。如果在发问之际发问也改变自身(这在每一个真正的发问那里都会发生)，抛掷出一个崭新的空间涵盖并贯穿一切的话，那么，也正是这一发问使我们得以公开。

于是，关键只在于不被轻率的理论所诱骗，而就事物的最本来状态去经历其如何在。这里的这支粉笔是一长长的、较为坚固的、有一定形状的灰白色的物体，除此之外，它还是一用来书写的物。这个物确实处在这一位置上，但它也确实可能不在这里，可能没有这么大。它可能被我们在黑板上划动和使用，这种可能性绝不是我们想出来加到这个物上去的。这个物自身作为这一在者就在这一可能性中，否则就没有作为书写用具的粉笔了。与此相应，每一在者都在其自身以各自不同的方式拥有这一在者的可能性。粉笔就包含有这种可能性，它自身拥有特定用途的特定功能。不过，当我们在寻求粉笔的这种可能性之际，我们习惯并倾向于说这种东西是视之不见，搏之不得的，这是一个偏见。消除这一偏见也属于展开我们的问题之事。现在，只有如此展开问题才把在者在其处于不在与在之间的摇摆中公开出来。只消在者抗拒不在的最极端的可能性，它自己就处于在之中了，但同时并没有超越和克服不在。

现在，我们一下子就谈到了在者的不在与在，而没有说及此所说的不在和在与在者自身是如何发生关系的。在者和它的在这两者是同一的吗？区别何在？例如在这支粉笔身上，在者是什么？这个问题已经是有歧义的了，因为“在者”这个词可能从两种角度来理解，就像希腊文中的 τὸ ὄν 一样。在者一方面意指那总是在着的东西，具体说来，就是这般灰白的，如此这般形状的、轻的、易碎的一团。然后，“在者”又意指那仿佛“使得”这玩意儿成为一种在着的东西，而不是不在的，即那当在者是一在着的东西时，在在者身上使得在这回事出现。按照“在者”这个词的这样双重含义，希腊文 τὸ ὄν 意指的往往是第二种含义，亦即不是那在着的在者自身，而是那“在着”，在这回事，是在着，在。反之，第一种含义上的“在者”则称谓所有的或者个别的在着的物本身，所考虑的只是这个物而不是这个物的在这回事，不是 οὐσία。

τὸ ὄν 的第一种含义意指 τὰ ὄντα(entia),第二种含义意指 τὸ εἶναι(esse)。在粉笔身上的在者是什么,我们已经叙述过了。我们也可以相对容易地发现它,我们还可以容易地看出,这玩意儿也可能不在;看出这支粉笔最终用不着在这里而且根本用不着在。那么与可以处于在中的东西或者可以落归入不在中的东西有别的是什么呢,那与在者有别的在是什么呢?在与在者同一吗?我们重新如此发问,在上文中我们并没有一同列举在,而只是列出了:一团质料、灰白、轻、如此这般形状,易碎。而在藏在哪里?这回事还必须归属于粉笔,因为它自身,这支粉笔在着嘛。

我们无处不与在者照面。在者包围着我们。它支撑、驱使、蛊惑、满足我们,它使我们激发起来,又使我们失望下去。但是,在这一切之中,在者的在又在哪里呢?人们可能会回答道:在者与其在之间的区别只会偶尔在语言上以及就其意义而言具有一番重要性。人们能在单纯思维中,亦即在想象与意指中作出这种区别,而在在者那里却没有什么在着的东西与这一区别相应。然而,即使这种仅仅想象中的区别也是有疑问的,因为一直不清楚是什么东西在此要以“在”的名义被思考。但是,认识到在者并保证能控制它,这就够了。若除此之外还要去区别出在来,就只能矫揉造作,毫无结果。

通过这样的区别,会出现些什么?关于这一受到偏爱的问题,我们已经说了不少。现在,让我们仅仅考虑我们所企求的东西。我们问道:“究竟为什么在者在而无反倒不在?”在这一问题中,我们看来也只关注于在者而避免对在作空洞的冥思苦想。但是,我们问的究竟是什么?在者为什么这样在。我们追问的是在者在的根据,是在者是什么而不是无的根据。我们从根本上追问在。但是如何追问呢?我们追问在者的在,我们是眼盯着在者的在来探问在者。

但是,只要我们是在发问,我们其实已经先就其根据着眼而对在发问了,尽管这时这个问题还没有展开,尽管还未曾决定在自己是否不在自身中就已是根据而且根据充足。如果说这一询问在的问题是第一位的问题,那么我们在问时竟可以不知晓在是怎么回事吗?也竟可以不知晓在与在者如何区别吗?不过,如果我们没有充分把握,理解和领会在本身,我们怎么会去哪怕只追究一下,更不消说能去发现在者的在的根据呢?这一企求是毫无希望的,就好像一方面要想弄清一场火灾的原因,而另一方面却又声称无须去考虑这一火灾的过程、发生场所以及对它们的考察。

于是事情演变成:“究竟为什么在者在而无反倒不在?”这个问题迫使我们要去先问:在是怎么一回事?



现在,我们追问的是我们几乎未曾把捉的东西。这种东西对于我们来说一直只是一种单纯的词音。它使我们走近了一种危险,即当继续进行我们的追问时,我们就沦入一种单纯的词的偶像崇拜中。因此,我们更加有必要从一开始就弄清楚,首先就我们来说,在处于何种状态,我们对在的领会又处于什么状态?这里重要的事情首先是要不断地使我们体会到,我们不可能直接地真正把捉在者的在,既不可能在在者身上,也不可能在在者之中,还根本不可能在其他什么地方。

举几个例子会有帮助。在大街的那一边,矗立着理工中学的教学楼,这就是一种在者。从外表上我们能够观察到这座大楼的所有方面,在里面从地下室直至顶楼,角落还可以看清那里面所有的一切:走廊、楼梯、教室及其设备,我们到处都会发现在者。甚至发现它们处于某种井然有条的秩序中。现在,这所理工高级中学的在在哪里呢?它确实在,这座大楼在。如果有点什么属于这一在者的话,那么这点什么就是这一在者的在。不过,我们依然不会在这个在者中发现这一在。

这个在也并不赖于我们对在者的观察。尽管并没有去观察那座大楼,它依然矗立在那里。因为它已经在了,所以我们才能遇上它。此外,这座大楼的在看起来完全不是对于每一个人都一样的。对于我们这些旁观者与路人和对于坐在这座大楼里的学生,这所大楼的在是有所不同的。这并不是因为学生们只是从里面来看,而是因为对于学生们而言,这座大楼就是其真正的样子,是其所是与其如何是。人们宛如可以嗅出这一大楼的在,而且哪怕过了几十年之后也不会忘怀。这一气味比起任何描述与观察来都更为直接与真实地呈现出这一在者的在。然而,另一方面,这一大楼的存在却并非基于任何地方悬浮着的气质。

在是怎么回事?人看得见在吗?我们看得见在者,例如这里是粉笔。但是,我们能像看见颜色、看见光亮、看见暗影一样看得见在吗?或者说我们听得见、嗅得到、尝得出、触得着在吗?我们听得见摩托车在大街上飞驰,我们听得见松鸡掠过松林。可实际上,我们听见的却只是摩托发动机发出的隆隆声和松鸡发出的沙沙声。事实上,要描述这种纯粹的噪音,甚至会使我们感到困难和别扭,因为它才不是那我们习常所听见的。我们总是听见得更多(如果从纯粹的噪音来算计的话)。我们听见飞鸟,尽管严格说来,我们必须说:松鸡是听不见的,松鸡不是一种声音,不能归入任何一种音阶。其他感官也是同样如此。但我们触摸天鹅绒、丝帛,我们直接就看出这样那样的在者,它们的在各个不同。那么,在究竟在何处?

然而,我们还应当从各个角度看得更周到一些,追忆那个更严格同时也更宽阔的范围,我们每日每时,无论是有意识地还是无意识地都处在这个范围中。这个范围不断地伸延它的界限,而且会突然地被突破。

一场猛烈的暴风雨现在"正在"山里发生,或者——在这里同是一回事——昨天夜里"曾在"这里发生。它的在在何处?

辽阔的天空下伸展着绵延的山脉……。它"在"。这个在在何处?在于何时,向何人启露真容?是向欣赏美景的游客呢,还是向生于斯、长于斯的农人,抑或是向预报天气的气象学家?他们之中究竟是谁把捉了在呢?全部而又全非。或者上述这些人在辽阔天空下的山脉那里所把捉的东西,总只是山脉的某些外观,而非山脉本身,非其本身如此"在"的情况,非其本真的在处于其中之处呢?那么,谁可以把捉这一在呢?或者根本去追问在那些外观背后自在存在的东西就是悖谬,就是对在之意义的悖谬?这个在处于外观中吗?

早期罗马教堂的大门是在者。这个在如何和向谁启露真容?是向到这里考察观摹的艺术家呢?还是向在礼拜日里带领他的修士们穿过这一大门的修道院长?抑或是向那些在夏日里在其凉荫处嬉戏的孩子们?这一在者的在是怎么一回事?

一个国家在。它的在在何处?在于国家警察对罪犯进行拘捕呢？还是在于政府大厦内打字机声响成一片，打印着国务秘书和部长们的指令？抑或国家“在于”元首与英国外交部长的会谈中？国家在。但是这个在藏身何处？这个在根本到处都藏身吗？

梵高的那幅油画：一双坚实的农鞋，别无其他。这幅画其实什么也没有说出。但你立即就单独与在此的东西一起在，就好像一个暮秋的傍晚，当最后一星烤土豆的火光熄灭，你踟着疲惫的步履，从田间向家里走去。什么东西在此在着呢？是亚麻画布呢？还是画面上的线条？抑或是那斑斑油彩？

说愚蠢也罢，说睿智也好，实际上，我们连跑带跳，已把世界转了一遭。但是，在所有列举的这一切中，什么是在者的在呢？

所有我们所列举的这一切都确实在，但是，一旦我们想要去把捉这个在时，我们却又总是扑空。我们在此所询问的在，几乎就是无。而我们却又时刻存有戒心，深怕去说全体在者是无（不在）。



但是这个在始终是不可寻得的，几乎就像这个无一样或者简直确实是这样。于是，“在”这个词最终只是一个空洞的词。它意指非现实的，不可把握的，非真实的。它的含义是一种非现实的迷雾。当尼采称像“在”这样的“最高概念”为“气化实在的最后一道青烟”时，他最终是完全正确的（《偶像的黄昏》，见《尼采全集》第八卷，第 78 页）。谁要想追逐这样的一团迷雾，他所说出的词就只会为一个巨大的迷误立名！“事实上，迄今为止，没有任何东西比在的迷误更具质朴的、使人信服的力量。”（见《尼采全集》，第八卷，第 80 页）

“在”，既是一团迷雾又是一个迷误？尼采关于在的论述绝不是一种被抛入飘飘然状态中去准备他那本真的、从未完卷的著作的随笔性评述。相反，这是他从进行哲学思考的最早时日以来就具有的关于在的主导观点。这一观点从根本上支撑着并规定着他的哲学。尽管今天纠缠着尼采的低劣作家仍然与日俱增，不断用些荒疏论调缠搅他的作品，但他的哲学仍自保持其完好无损。只怕对尼采的作品的最糟的误用还没有到此为止呢。我们在这里谈尼采，却不愿和那些胡搅蛮缠发生任何牵连。谈起尼采，我们所要做的一切就是什么也不做，甚至包括不要一种盲目的英雄崇拜。这样，任务就变得至关紧要而同时又十分清楚。这一任务就在于，在实际上要对尼采开始把捉时，首先将他所意求的东西充分展开。在，一团迷雾，一个迷误！如果真是这样的话，那么惟一的结论就只能是我们放弃提问“究竟为什么在者在而无反倒不在”，因为如果说成疑问的只是一团迷雾和一个迷误，那这还算是个什么问题呢？

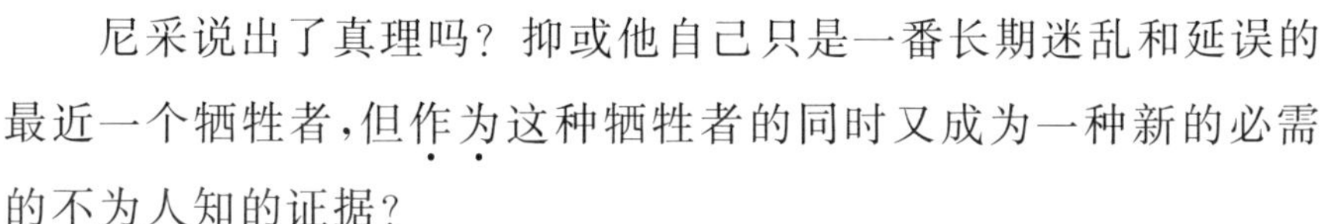
尼采说出了真理吗？抑或他自己只是一番长期迷乱和延误的最近一个牺牲者，但作为这种牺牲者的同时又成为一种新的必需的不为人知的证据？

问题变得如此错综复杂，罪过归咎于在吗？问题如此空洞，是语词的罪过吗？而我们由于对在者的一切欲求而从在脱落则又是我们的过错吗？或者说，是不是这根本就并非我们今人的过错，也不仅仅归咎于我们的先辈和远祖，而是归咎于从一开始就贯穿了西方历史的一种经历，而这种经历对所有历史学家的眼光都将永达不到，但它确实在从前，在现今，在将来都发生？人们，乃至民族，在其最大的历史变动中都与在者息息相关，却早已从在处脱落，而且并不知道这种脱落。这些情况似乎就是人类沦落的最内在的和最有力的根由。假如上述的这一切都是可能的，那该是怎样的一幅图景啊？（参见《存在与时间》第三十八节，特别是第179页以下）

我们这里并不是偶然地提出这些问题，也根本不是出于一时心血来潮或者世界观而提出。这些问题是那个从根本问题必然产生出来的前导问题"在是怎么回事？"所迫使我们不得不提出的。"在是怎么回事？"也许可以说是个清楚的问题，但确实也是个没有丝毫用处的问题。但这里还有问题，这问题就是：究竟"在"只是个单纯的词，其意义只在于一团迷雾呢？还是说它的意义决定了西方的精神命运？

这个欧罗巴，还蒙在鼓里，全然不知它总是处在千钧一发、岌岌可危的境地。如今，它遭遇来自俄国与美国的巨大的两面夹击，就形而上的方面来看，俄国与美国二者其实是相同的，即相同的发了狂一般的运作技术和相同的肆无忌惮的民众组织。如果有一天技术和经济开发征服了地球上最后一个角落；如果任何一个地方发生的任何一个事件在任何时间内都会迅即为世人所知；如果人们能够同时"体验"法国国王的被刺和东京交响音乐会的情景；如果作为历史的时间已经从所有民族的所有此在那里消失并且仅仅作为迅即性、瞬刻性和同时性而在；如果拳击手被奉为民族英雄；如果成千上万人的群众集会成为一种盛典，那么，就像阎王高居于小鬼之上一样，这个问题仍会凸现出来，即：为了什么？走向哪里？还干什么？

大地在精神上的沦落已前进得如此之远，以至于各民族已处于丧失其最后的精神力量的危险之中，而这种精神力量恰是使我们有可能哪怕只是看见这种(与“在”的命运密切相关的)沦落和评估为这样为沦落。这样直截了当的评定并不是什么文化悲观主义,当然也与任何乐观主义毫不相干。因为随着世界趋向灰暗,诸神的逃遁,大地的毁灭,人类的群众化,那种对一切具有创造性的和自由的东西怀有恨意的怀疑在整个大地上已达到了如此地步,以至于像悲观主义和乐观主义这类幼稚的范畴早已就变得可笑之极了。

我们处在夹击之中,我们的民族处于中心点经受着猛烈的夹击。我们的民族是拥有最多邻人的民族而且是最受损害的民族,而且在所有一切情况中,它是个形而上的民族。但是,只有当这一民族从其自身产生出一种对上述境遇的反响,产生出这样一种反响的可能性,并且创造性地理解其传统,那么,这个民族才能从这一我们已经确知的境遇出发赋予自身以一种命运。所有这一切归结为,这个民族要作为历史性的民族将自身以及将西方历史从其将来的历程的中心处拽回到生发在之威力的源头处。如果关于欧洲的大事判决并不是要落入毁灭的道路,那么,这种判决就只能从中心处扩展开新的历史性的精神力量。

追问:“在是怎么回事?”这一追问丝毫不比重温我们的历史性的、精神性的此在的开端来将其改变为另外的开端少费事。这样的重温是可能的,它甚至是历史的标准形式,因为它是在基本历程中形成。但是,重温一个开端并不是扭转回到以前的、对现在而言已是熟知的,仅仅需要摹仿一下就行的东西上去,而是要更原初地重新开始这个开端,并且伴随着一切陌生的、暗淡不明的、变幻不定的东西,这些东西都是一个真实的开端随身带着的。因此,我们所理解的重温，是其他的一切，仅仅不是那按照迄今以来的方法对沿袭下来的东西的进行改善。

“在是怎么回事?”是作为前导问题被包括在我们的主导问题“究竟为什么在者在而无反倒不在?”之内的。如果我们现在再着手来探究那在此前导问题中所询问的东西，即在，那尼采的论断就立即充分表现出其真理性来。如果我们观察得真切，那么，对我们来说，这个比一个单纯的语词，一种未定的意义，更加不可捉摸的有如一团迷雾的“在”究竟是什么呢？尼采完全是在纯粹蔑视的意义上说出他的论断的。在他看来，“在”就是不应该出现的一种错觉。“在”是飘忽不定如一团迷雾吗？事实上就是如此。我们并不想避开这一事实，相反，我们必须力求使其事实性达到澄明，以通瞰它的全貌。

通过发问我们跨入了一种境界。在这一境界之内，“去在”是历史性的此在重新获得立足点的基本前提。我们将不得不发问，为什么我们把“在”视为一个词的迷宫这一情况今天才刚出现？这一情况是否长期以来就一直涌现？为什么？我们应当学会知道，这一情况并非像它在第一次被判定时显现的那样无害。因为归根到底关键并不在于“在”这个词在我们看来只是一个声音而它的意义始终是一团迷雾，而是在于我们从这个词所说的情况中脱落出去并且从此就未再复归；在于恰恰因为如此，而不是出于其他任何原因。“在”这个词就什么内容也不涉及了，而一切我们想要去把捉的内容都像阳光下的云絮，消逝一空。正因为情况是这样，所以我们对在发问，我们发问，因为我们知道，对一个民族来说，真理绝不是一蹴而就的。如果我们要更原始地询问这个问题的话，人们今天还不能领会,也不愿领会这个问题,但这一事实却并不能取消这个问题之不可回避性。

当然,人们可能,好像十分机智并深思熟虑,重新援用那早已众所周知的说法:“在”是最具普遍性的概念。它的适用范围伸展到所有的一切 ,甚至于无,无作为某种被思考的、被说的东西也是“在”嘛。可见一旦超出这个严格的意义上的最具有普遍性的“在”概念之外,就不再有任何东西可以用来进一步规定这个在本身了。在这一最高的普遍性面前人们不得不无所作为,在的概念是一最终的概念。这也正合逻辑的一条规律,即一个概念的外延越大——还有什么比“在”这概念的外延更大呢?——其内涵就越小和越空。

这种思维过程对于每一正常思维的人——而我们谁不想是个正常人呢——都是直接和无限制地有说服力的。但是,现在问题来了,这种将在视为最具有普遍性的概念的规定是否触及到了在的本质呢?或者是不是从一开始时就把在这样误解得使此一追问将一无可获呢?问题简直是,在是不是只能作为在其他一切特殊概念中不可避免地起作用的最普遍的概念呢?或者在是不是具有完全不同的本质,因而它其他什么都可能是而偏偏就不是“本体论”(如果我们在传统意义上使用这个词的话)的对象。

“本体论”这一名称的最初出现是到了十七世纪。它标志着传统的关于在者的学说形成为哲学的一个分支,成为哲学体系的一个组成部分。但是,这一传统学说只是对在柏拉图、亚里士多德那里又在康德那里出现的一个问题,当然已经不再是一个原始的问题之按学派的剖析和安排。这样,“本体论”这个词至今仍还在使用。哲学总是使用这一名称来建立和描述哲学体系内部的一个分支。不过,“本体论”这个词还可以在“广义上”使用,即“并不具体涉及本体论的方向和倾向”。(参见《存在与时间》一九二七年版,第11页。)在这种情况下“本体论”意指那种要把在摆到语词上来的努力,并且这种努力是通过提出“在(而不只是在者本身)是怎么回事这个问题”来实现。但是,既然这一问题至今还没有得到赞许甚至没有获得任何反响,而是遭到追寻传统意义上的“本体论”的学院派哲学中各个不同学派的明确拒绝,所以,将来最好是放弃“本体论”、“本体论的”这样的名称。现在才刚刚变得更加清楚了,既然是在追问的方式上由一整个世界来隔绝着的东西,就不要也采用相同的名称了。

我们追问这个问题:在是怎么一回事?什么是在的意义?我们这样追问并非是为了建立一个传统意义上的本体论,也根本不是要针对其以前的尝试清算错误。事关完全另外一回事。要做的事情是,要把人类历史的此在,同时也总是我们最本己的将来的此在,在规定了我们的历史的整体中,复归到有待原始地展开的在之威力中去。当然,这一切都只能在哲学可能做点事情的范围内发生。

从形而上学的基本问题:“究竟为什么在者在而无反倒不在?”我们提出了前导问题:在是怎么一回事情?这两个问题之间的关系需要澄清,因为这种关系很特殊。从习惯上看来,前导问题是在主导问题之前和之外的问题,尽管也还要看到主导问题来解决的。但是,哲学的追问在原则上从来不会这样来解决,居然可以有朝一日把它搁在一边弃置不顾。在这里,前导问题根本就不会被置于基本问题之外,它简直就可以说是在询问基本问题时所点燃的火种,是所有一切追问的发源地。这就是说,就对基本问题的首次发问而言,至关紧要的事在于,当我们在发问前导问题之际,我们就已经采取了那决定性的立场,获得并确保了在这里有本质作用的态度。所以,我们把追问在的问题与欧洲的命运连接起来,地球的命运就在此中决定,而就欧洲本身说来,我们的历史的此在则表明为中心。

于是,问题就表述为:

在是一个单纯的语词,它的意义是一团迷雾?抑或“在”这一语词所指称的东西就包含西方的精神的命运?

这一问题在许多人听起来显得猛烈而过分。因为虽然也勉强可以想象,讨论在的问题相隔十分遥远的距离并以十分间接的方式终于未尝不可与地球的历史性的、起决定作用的问题发生关联,但是,这种关联绝不会以从地球的精神历史出发来直接规定我们反问的基本态度与立场的方式进行。不过,这种关联确实存在。因为我们的目标是要发问前导问题,所以现在应当指明,此一对这一问题的追问直接地与从根本上在何种程度上是在历史性的、起决定作用的问题中一同动起来的。要说明这一点,就必须首先对一种主张的形式进行根本性的洞察。

我们断言,对这个前导问题的发问从而对形而上学基本问题的发问是一彻头彻尾历史性的问题。但是这样一来,形而上学与哲学本身不会因此而成为一门历史科学吗?不过,历史科学研究的是时间性的东西,而哲学研究的却是超时间的东西。哲学只有当它像每一种在时间历程中实现其自身的精神作品那样,才是历史性的。在这一意义上，标明形而上学的发问为一种历史性的发问并不能表明形而上学，而只是提到自明的事物。因此，这种断言要么是不可说的，要么是多余的，要么干脆是不可能的。因为它是把哲学与历史科学两门学问的根本不同的格式混而为一。

对此，必须说：

第一，形而上学与哲学根本就不是科学，也不能够由于它们的发问在根本上是历史的发问而成为科学。

第二，就历史科学方面而言，它作为一般性的科学并没有去规定与历史的原始关系，而是总已经把这样一种关系设为前提。也正是因为如此，历史科学才会使那种本身就是历史性的与历史的关系遭到变形或误解，才会使之被当作古董式的纯粹知识弃之一旁；抑或说，历史科学为已经有根基的与历史的关联提供了根本性的视域并且能让人体会到历史是确无可改动的实况。我们的历史性的此在对着历史的某种历史性的关联可能会变成为一种认识的对象和培养出来的状态。但这并非必然如此。此外，并不是与历史的所有关联都能在科学上对象化和为科学所处理，尤其是那本质性的关联不能。历史科学**绝不**可能**捐赠**出与历史的历史性关联。它无论何时都只能照亮一种已经出现的关联，在认识上论证这种关联；这件事情对于一个有知识的民族的历史性此在当然是一种本质必然性，所以也就不仅仅是一种“有用”或者“有害”。因为只有在**与其他各门科学有别**的哲学中，才会总是出现与在者的本质性关联，所以，对于我们来说，今天这种关联才**能**，而且**必定**是一种原始的历史性关联。

我们断言：对前导问题的“形而上学的”追问是彻头彻尾历史

性的。为了理解这一断言,首先应当考虑的是:历史在我们这里并非意味着像过去了的东西这样多,因为过去了的东西恰恰是不再演历的东西了。但是,历史也不是而且才不正好是纯粹今天的东西,因为纯粹今天的东西也绝不演历,它总只是“过路”:来临与过往。历史作为历事是那从将来得到规定的、把曾在接收过来并穿过现今的通行与经受。而这现今恰恰就是在历事中消失的现今。

我们对形而上学基本问题的追问是历史性的,因为这一追问把人类此在的历事在其本质性的,即与在者整体本身的诸多关联中向着未被追问过的诸多可能性,向着将来展开出来,从而同时也就归结到其曾在的开端中去,这样,也就在其现今中进行着更加细致而且难度加大的历事。在这样的追问中,我们的此在就被召唤入此词的充分意义上的历史,进入这一历史,进入这一历史中的决断中。这一切并不是事后在一种道德世界观的有效运用的意义上出现的,而是:这一发问的基本立场与态度自身中就是历史性的,就将自身处于并保持于历事中,从这一历事并为着这一历事问起来。

但是,我们犹未达到此一根本洞见:这一自身就是对在的问题的历史性的追问甚至内在地归属于地球的世界历史的程度究竟有多深。我们曾经说过,在地球上并环绕着地球,正发生着一种世界的没落。这一世界没落的本质性表现就是:诸神的逃遁,地球的毁灭,人类的大众化,平庸之辈的优越地位。

在我们说世界的没落时,世界指的是什么? 世界总是精神性的世界。动物没有世界,也没有周围世界的环境。世界的没落就是对精神的力量的一种剥夺,就是精神的消散、衰竭,就是排除和误解精神。现在我们要从某一个方面，而且是从误解精神的方面来说明这一对精神力量的剥夺。我们说过，欧洲处于俄国与美国的夹击之中，这两个国家在形而上学上是相同的，也就是说，它们的世界特征和它们与精神的关系是相同的。由于这种对精神力量的剥夺是从欧洲自身产生出来的，并且终于是由欧洲自身十九世纪上半叶的精神状况所决定（尽管在此之前就开始酝酿），所以欧洲的境况就愈加成为灾难性的。十九世纪上半叶，我们这里发生了所谓的"德国唯心主义的破产"。这一说法简直就像一个防护罩，在它的下面，那已经开始展现出来的精神萎靡，那精神力量的溃散，那对根基的一切原始追问之被拒及其后果都统统被遮盖和藏匿起来。实际上，并不是什么德国唯心主义的破产，而是那个时代已经开始丧失其强大的生命力。结果不再能保持那一精神世界的伟大、宽广和原始性。也就是说，不再能真正地实现那一精神世界。这种实现与仅仅应用一些命题与观点完全是两码事。此在开始导入一个从未有过那个深度的世界，正是要从那个深度出发，本质性的东西才会向着人而来并返归于人，使人达到卓越状态并谈得上按照某一品级行事。所有的事物都陷在同一个层次上，陷在表层，这表层就像一面无光泽的镜子，它不再能够反射与反抛光线。占统治地位的维度变成了延伸和数量的维度。"能力"不再意指从高高的充盈处流溢的与可从力量之大有可为处发出的潜能，而是仅指那任何人都可以学得的，总是与一定的血汗和耗费相联系的一点技能。所有这一切在美国与俄国都以相同的、无差别的方式漫无止境地增长，直至由一种量的增长导致发生根本性的质的变化。从此之后，在美国和俄国，无差别性平均状态的盛行就不再是什么无足轻重的小事一桩，而是那种咄咄逼人的要摧毁一切秩序，摧毁一切世界上的精神创造物并将之宣布为骗局的冲动。这就是我们称之为毁灭性的灭顶之灾的恶魔冲动。有许多的征象表明这一恶魔的降临，同时也表明欧洲自身在这一灾难面前的疑虑和不知所措。在许多征象中，有一种是对精神力量的剥夺，而这种剥夺是一种把精神误解了的意义上的剥夺；这是我们今天还处身其中的一番历事。现在把这一对精神的误解从四个方面简述如下：

第一，将精神曲解为智能，这是决定性的误解。这种智能就是单纯的理智，它思考，计算和观察那事先给出的事物，它们可能出现的演变以及那随后出现的新事物。这种理智是单纯的才能，是可以训练和批量分配的。这种理智自身驯服于组织化的可能性之下，而整个这回事是与精神格格不入的。所有的文学风格和美学意趣都只不过是被曲解为智能的精神的后来产物与变种。纯粹的才智(*Nur*-Geistreiche)是精神的假象并且掩盖了精神的匮乏。

第二，如此被曲解为智能的精神因而就沦入为其他事情服务的工具的角色，成为既可教人也可学到的东西。无论这种智能的功用究竟是涉及物质生产关系的调整和控制(像在马克思主义那里)还是一般地满足一切随时当前且已被设定的东西的理智的安排和解释(像在实证主义那里)，抑或这种智能是在一个民族的精神群体的组织操纵中起作用，无论在上述哪一种情况下，精神作为智能都变成了与其他事物——因为它们无精神或者甚至反精神，所以是真正的现实事物——相对立的上层建筑。如果人们将精神理解为智能，就像马克思主义以极端形式所做的那样，那么，为了免受攻击，就完全应当说，精神，亦即智能，在人类此在诸多活力的位序上，总是不得不排在健康的肉体能力与特性之后。但是，一旦人们在其真理性中把握了精神的本质，这一位序就变得不真实了，因为肉体的所有真正力量和美，战争之稳当与冒险，还有理智之老实与机灵，都植基于精神之中，它们只有在当下精神的有力或无能中，获得提高或陷于崩溃。精神是承载者和统治者，是第一的和最后的，而不是任何其他。

第三，一旦这种对精神的工具性曲解开动起来，那么，精神历事的力量，诗歌与创造性艺术，国家的创立与宗教都进入一种可能被有意识的培植和规划的范围内。上述这些同时被划分为许多领域。精神的世界变成了文化，而个体的人就企求在这种文化的创造和保持中达到自身的完成。那些领域就变成了自由作为的区域，这种自由作为按照它自身恰好还达到了的旨意来设置标准。这种适用于制作与使用的标准被称为价值。文化价值要在一种文化的整体中保证有意义，只有通过它将自身限定在其自我有效上：为诗歌而诗歌，为艺术而艺术，为科学而科学。



在大学里和我们尤为相关的科学身上，可以看到近几十年来虽然经历过一些清洗仍未改变的情况。虽然好像现在有两种似乎不同的对科学的看法在互相争斗，一种认为科学是技术的，实用的职业性知识，另一种认为科学本身就是文化价值，但是，这两种看法都浮动在相同的沉沦道路上去曲解并亏损精神。它们之间的区别只是在于，关于科学是技术的、实用的专业知识的看法在当今的情况下至少还可以主张有清楚明白的逻辑一贯性；而那目前重又兴起的把科学相反解释为文化价值的看法则企图通过一种无意识的谎言来掩盖精神的失势。这种精神丧失的迷乱甚至可能会走得这样远，以至于将科学作技术、实用的解释同时也承认科学作为文化价值，这样，这两种看法就在同样的丧失精神的情况中达成互相谅解。如果人们为了教学和研究而把诸多专业学科综合在一起的设施称为大学，那么这只是一个名称而已，绝没有什么原始协调一致、情理逼人的精神力量可言。一九二九年，我在这所大学的就职讲演辞中说过的话，对于今天的德国大学也还适用。在那里，我说："科学的诸领域相距遥远，它们对其对象的处理方式也根本不同。这种不同学科散乱的多样性，今天只有通过各大学和学院的技术组织才能聚拢在一起并且通过各专业的实用目标获得意义。但是，这样一来，科学的扎根活动就在其根基处死亡了。"(《形而上学是什么》？1929 年，第 8 页)今天，科学在它的所有领域内都成了一种获取知识与传授知识的技术的、实用的事务。从这样的科学出发根本不可能发生精神的唤醒，倒是科学自身需要这样一种唤醒。

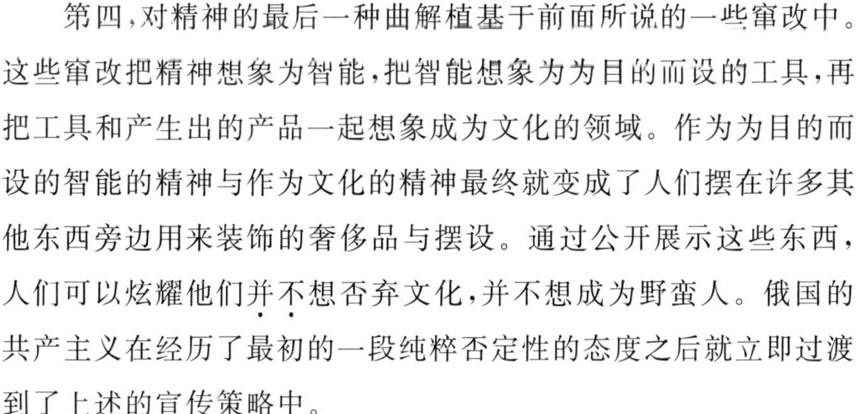

第四，对精神的最后一种曲解植基于前面所说的一些窜改中。这些窜改把精神想象为智能，把智能想象为为目的而设的工具，再把工具和产生出的产品一起想象成为文化的领域。作为为目的而设的智能的精神与作为文化的精神最终就变成了人们摆在许多其他东西旁边用来装饰的奢侈品与摆设。通过公开展示这些东西，人们可以炫耀他们并不想否弃文化，并不想成为野蛮人。俄国的共产主义在经历了最初的一段纯粹否定性的态度之后就立即过渡到了上述的宣传策略中。

与这些对精神的多重曲解相反，我们现在将精神的本质简略地规定如下(现在我想引述一段我在我的校长就职演说中说过的话,因为在那里一切都以浓缩的形式表达出来):“精神既不是空空如也的机智,也不是无拘无束的诙谐;又不是无穷无尽的知性剖析,更不是什么世界理性。精神是向着在的本质的、原始地定调了的、有所知的决断”(《校长就职演说辞》第 13 页)。精神是对在者整体本身的权能的授予。精神在哪里主宰着,在者本身在哪里随时总是在得更深刻。因此,对在者整体本身的追问,对在的问题的追问,就是唤醒精神的本质性的基本条件之一,因而也是历史性的此在的源初世界得以成立、因而也是防止导致世界沉沦的危险,因而也是承担处于西方中心的我们这个民族的历史使命的本质性的基本条件之一。我们在这里只有在这些大而化之的笔触中才能摸清楚,对在的问题的追问本身确实而且在多大程度上逐渐成为历史性的;摸清楚我们的问题对我们来说在究竟是一团纯粹的迷雾呢,还是将会成为西方的命运?就不再是一种夸张之辞和无稽之谈了。

但是,假如说我们询问在的问题具有本质的决定性,我们就必须首先十分严肃认真地对待那赋予我们的问题以直接的必要性的事实。这一事实就是,在对我们来说几乎只还是一个词,而它的意义还是一团飘忽不定的迷雾。这一事实不只是我们对其毫无所知,而只能在其现成的在中确定为出现的事的这样的东西。它还是我们处于其中的这样的东西。它是我们的此在的一种状态,这当然不是一种只能从心理学上加以显示的特质的意义上的此在。状态在这里意味着我们的整个情况,意味着我们自身如何在与在的关联中被把捉的方式。这里与心理学无关,与从一种本质的看法去看的我们的历史却有关。当我们把在对于我们来说是一单纯语词和一团迷雾这一说法称为"事实"时,这只是一个完全暂时性的说法而已。我们只想借此把捉和提出一下那还完全没有被透彻思考的东西;尽管看上去像是在我们这里,在人们这里,或者像有些人喜欢说的那样,在我们"之中"发生的事情,我们却尚且没有为它提供任何场所。

在对我们来说仅是一个空洞的语词和一团飘忽不定的迷雾,这个单独的事实总被人们归入那更为一般的事实中去。在他们看来,许多而且恰恰是根本性的语词都具有相同的情形;语言就其一般而言,就是被使用和被利用的。它取之不尽,用之不竭,但又无所主属,是一种可任意使用的理智手段,就像一种公共交通工具,像任何人都可以出入上下的公共汽车一样。如此说来,任何人都可全无障碍,起码毫无危险地阅读、书写语言。这无疑是正确的。然而,仅还只有极少数人有能力看穿当今的此在对语言的这种错误关联和无所关联的全部意义。

但是,"在"这一语词的空洞,它的称谓力量的衰减殆尽并不是什么一般的语言使用方面的单纯个别的偶然情况,而是意谓着:对在本身的、被毁坏了的关联是我们对语言的全部错误关系的真正原因。

净化语言与保护语言使之不受进一步损害的各种机构组织理应受到尊重。然而,通过建立这些机构组织最终只是更为清楚地证明了人们再也不知道语言究竟是怎么一回事。因为语言的命运植根于一个民族对在的无论何时的关联之中,所以,在我们看来,询问在的问题与询问语言的问题在最中心处相互交织在一起。因此，可以看出，当我们现在要着手在其作用上摊出在变成了气这一所谓事实时，我们不得不从对语言的思考开始，这绝不仅是一个表面的偶然事件。

# Ⅱ.追溯“在”这个词的语法和语源

如果我们觉得在只还是一个空洞的词并且只还有一种摇晃的含义，那么我们必须来试一下，至少还把此一套关涉中所剩残余完全摸清楚。因此我们首先问：

1.“在”——按照此词的字形看来——究竟是什么样的一个词？

2.关于此词的原始含义的语言的知识告诉我们什么？

为要经过吸取教训而把这回事表达出来：我们追问“在”* 这个词的 1.语法，2.语源。

词的语法并不只是而且并不首先是研究这些词的字面形态与语音形态。词的语法把在此出现的形式因素作为指点引向词语的可能含义之一定方向与方向差别，从而也引向已勾画出来的可能进入一个命题，进入一个更深远的谈说结构的一定方向与方向差别。这些词：他去，我们会去，他们已经去过了，去！正去着，去——都是同一个词按照一定的含义方向的变化。我们从语言学



---

* 读此章现在可参阅：Ernst Fraenkel，在及其诸方式，载于 *Lexis*（语言哲学，语言史与概念研究论文集）Johannes Lobmann 主编第Ⅱ卷（1949）第 149 页以下。

的名称知道这些词是:直陈现在式—虚拟过去式—完成式—命令式—分词—不定式。但是这些东西老早就只还是指示人们去机械地剖析语言和订立规章的技术手段罢了。恰恰在人们冒出来对语言有了原始的关涉之处,人们就感到只不过是些机械结构的语法形式中的死东西。语言和语言思考都已陷入这些僵死的形式中就像陷入一架钢网中一样。语法中的那些形式概念和名称已经在学校中的毫无精神内容而枯燥的语言学中使我们觉得是一些空洞、完全未被理解与不可理解的框框套套了。

如果学生们不学这些而是从他们的老师学到一些日耳曼的古老与早期历史,这无疑是对的。但是要为学校把精神世界从内心方面来从根本上加以改造,这就是说,要给学校创造一个精神的而非一个科学的气氛,如果做不到这一点,那么这一切立即陷入一片荒漠中。而在此的第一件事是对语言的关系的现实的革命。但要做到这一点,我们就必须使教师们革命化,为此大学又必须自我改造并理解自己的任务,而不是靠一些无关宏要的事情来自我夸耀。我们已经根本不再想到,所有我们大家老早就知道够了的东西可能是另一回事,那些语法形式不是自从开天辟地就如一个绝对者把语言剖析成这个样子并规范着语言,那些形式倒是从希腊拉丁语言的一套完全一定的规划里产生出来的。这一切又是由于下述情况而出现的,即由于语言也是一点儿在者,它亦如别的在者可以一定的方式被弄到手并被划定界限。在这样做的时候,显然在其执行并取得效果的做法中,一切都取决于在此起主导作用的对在的基本看法。

对语言的本质的规定,连对语言的本质的追问都已经总是按照关于在者的本质以及关于掌握本质的已变成占统治地位的先入之见来调整自身的。但是本质和在都在语言中说话。指出此联系现在很重要,因为我们为“在”这个词进行捉摸。如果我们在此从语法上标出这个词时是用流传下来的语法及其形式,——这暂时是无法避免的——那么恰恰在此一情况中就不能不有原则性的保留,即这些语法形式对我们所追求的事情是不够用的。怎么会是这样,将在我们就一个根本的语法形式来进行考察时得到证实。

此一证明却随即就突破这个假象,仿佛事情还是关乎改善语法似的。事情却是关乎从根本上摆明在的本质,而且是从其就本质说来是和语言的本质纠缠在一起的情况看来摆明的。此事将在下文加以思考,以期我们不至于把语言的与语法的考察误解成一片荒漠与旁逸斜出的游戏。我们追问“在”这个词的 1.语法,2.语源。

### 1.“在”这个词的语法

按照词的形状看来,“在”这个词到底是什么样的一个词呀?“在”——与此相应:去,下落,做梦等等。这些语言形象形成得就像这些词一样:面包,家屋,草,事物。尽管相像,我们从前一堆词中马上就注意到这个差别:我们很容易把这一堆名词回溯到时间动词(Verben)去,下落……上去,而此事看来后一堆名词是做不到的。固然对“家屋”有“家居”这个形式:“他家居于林中。”但是“去”(名词)和“去”(动词)之间的含义上的语法关系和“家屋”和“家居”之间的语法关系是有差别的。另一方面有些词的造形和前一堆动名词(“去”“飞行”)完全一致却有如“面包”“家屋”一样的词性和含义,例如“大使请吃一顿饭”,“他死于不治之症”。这里我们完全不再注意对一个动词的从属关系了。由此动词变出一个名词,一个名字来,而且是通过时间动词的一定形式的途径变出来的,这个形式用拉丁文称为 modus infinitivus(不定式)。

我们在所用的“在”这个词中也找到同样的关系。这个名词(das Sein)追溯到这个不定式“sein(在)”,而这个不定式有这些德文变形 du bist(你在),er isr(他在),wir waren(我们曾在),ihr seid gewesen(你们在过了)。“在”(das Sein)是从动词(sein)变成的名词。因此人们说:“在”这个词是一个动名词。定出这个语法形式之后,“在”这个词的语言标志就得出来了。我们在此费心叙述出来的全是一些熟知而不言自明的事。可是我们特别要而且更小心地说:这都是些陈腐滥用的语言语法区分;因为这些都根本完全不是“不言自明的”。所以我们必须把在此成为问题的一些语法形式放在眼里(动词,名词,动词的名词化,不定式,分词)。

我们容易看出:在创立“在”这个名词形式的时候,“在”这个不定式是有决定性的先行形式。这个动词形式被变为一个名词形式。由此看来,动词、不定式、名词就是我们的“在”这个词赖以规定自身的词性的三个语法形式。于是目前就须得从其含义上去领会这三个语法形式。在上述三种形式中,动词和名词属于在西方语法产生时首先被认识到的形式,但也在今天还作为一般词组与语言的基本形式起作用。因而我们就从追问名词和动词的本质的问题陷入追问语言的本质的问题之中。因为究竟词的原始形式是名词呢还是动词,这个问题与究竟哪一个是说与语言的原始性质这个问题其实是同一问题。按语言的起源看来后一问题同时包含前一问题。在此我们暂时还不能直接进行探讨此事。我们必须走一条应变的路。我们先只追究形成名词时的过渡阶段的那个语法形式，即追究不定式(去、来、下落、唱、希望、在等等)。

什么东西叫不定式？下述全名的简化的名称：modus infinifivus，无界说的、不确定的方式，这就是说，在一个动词展示其含义内容与方向的样式中是无界说的，不确定的。

这个拉丁文名称和其他诸词一样是由希腊语法学家搞出来的。在此我们又碰上有时在讨论 φύσις 这个词时提到的翻译过程。在此就不深入去谈在希腊人中出现语法学的细节，被罗马人接过去的细节，又流传给中世纪与近代的细节。此时为整个西方精神之创立与形成起基本作用的情况还没有出现。甚至为此考虑还没有任何够劲儿的提问，如此考虑有朝一日是躲也躲不掉的，尽管此一整个过程就今天人的兴趣看来是无关宏要的。

西方语法学之形成是从希腊人对希腊语言的思考中得出来的，这件事将其整个含义传给了整个过程。因为此一语言是(从思之可能性上看来)与德国语言并立为最强有力同时最富精神的语言。

有件事实犹待首先加以思考：词的基本形式之标准区别(名词与动词，Nomen 与 Verbum)，在希腊文形态中即 ὄνομα 与 ῥῆμα 之标准区别，是通过与对在的见解和解释的最直接与最内在的联系才整理出来并第一次建立起来的。而此对在的见解和解释以后对整个西方都同样成为标准化的了。上述词的基本形态之标准区别与对在的见解和解释两种情况之内在结合是我们可以完整无缺而且十分清楚地从柏拉图的《智者篇》的叙述中见到的。固然 ὄνομα

和 ῥῆμα 这两个名称是在柏拉图以前已为人熟知了，但就在那时以至柏拉图之时这两个名称也还被理解为全部词的应用上的名称。ὄνομα 意指语言上的名称以区别于所称的人或事，同时也意指一个词之被说出，此意到后来就在语法学上被定为 ῥῆμα 了。而 ῥῆμα 又意指讲话、说，ῥήτωρ 就是讲话者、演说者。这个讲话者，演说者就不仅用了动词，而且用了这 ὀνόματα 的较狭意义，即名词。

此二名称自原始时起就有同样广的控制范围这一事实对我们后来指出的事情是重要的。我们指出的事是：在语言科学中讨论得很多的问题，到底是名词还是动词才是词的原始形式这个问题并不是真问题。这个假问题是在已经形成的语法学的视野中才成长起来的，而不是从见到了语言本身之还根本没从语法上剖析入微过的本质得出来的。

ὄνομα 和 ῥῆμα 这两个在开始对一切讲话都起标明作用的名称后来变得越来越狭义并即变成全部词中两个主要词类的名称。柏拉图在上述对话篇(261 e 及以下)中对此区别第一次作了解释及说明理由。柏拉图在此是从一般标明词的性能着手。ὄνομα 的广义是 δήλωμα τῆ φωνῆ περὶ τὴν οὐσίαν：在者的在通过宣告的途径而在关涉范围及其周围敞开表明出来。

πρᾶγμα 和 πρᾶξις 就在在者周围显出区别。前者是事情，是我们要做的事情，是随时有关的事情。后者是行动之最广义的作为，此广义也包括 ποίησις(诗歌创作，创作)。这些词都有一种双重属性(διττὸν γένος)。此双重情况是 δήλωμα πράγματος(ὄνομα)，事情的展开，和 δῆλωμα πράξεωι(ῥῆμα)，作为的展开。凡出现一回

πρέγμα,一回 συμπλοκή(二者纠结铸造在一起)之处,这就是 λόγος ἐλάχιστόc τε καὶ πρῶτος,最短而(又同时)是最先的(本真的)说。但是亚里士多德才在陈述命题的意义上对 λόγος 作出了较明白的形而上学的解释。他把 ὄνομα 作为 σημαντικὸν ἄνευ χρόνου(不带时间的符号)与 ῥῆμα 作为 προσσημαῖνον χρόνον(带着时间的符号)(de interprefatione c. 2—4 中译本 1957 年三联版《解释篇》第 56 页)加以区别。对 λόγος(逻各斯)的本质的这些看法对后来形成逻辑学与语法学都起典范与标准作用了。尽管此学后来降为学校普设课程了,此学的对象本身一直保持在一个标准的含义中。希腊文与拉丁文语法学教科书在四方一直是学校教科书超过一千年之久。大家知道,在此时代中一切其他学科均显得弱小。

我们现在追问拉丁文称为 infinifivus(不定式)的词形。这个拉丁文词的前两字母 in 已经表达出否定意义,而此 modus infinitivus(不定式)已经指点着一个 modus finitus(定式)了,亦即对动词的意指有所限定的方式。那么希腊文对此一区分的示范又是什么情况呢?罗马语法学家用 modus 这个死板的字眼来表达的东西,希腊人称为 ἔγκλισις,意即偏向一边。这一个词和希腊人的另一个语法词形一起摆动在同一个含义方向之中。这另一个词从其拉丁文的译名来看就对我们更熟悉一些:πτῶσις,casus(格),意即在名词在变的意义上的情况。但初始时 πτῶσις 是表示基本词形之变的任何样式(偏向,变格),并不只是名词之变,而且也包括动词之变。是在更明白地制定出这些词形的区别来以后,才用各别的名称去标明其各别所属的变化。名词的变化叫做 πτῶσις(casus

格);动词的变化叫做 ἔγκλισις(declinatio,动词变格)。

怎么恰恰是 πτῶσις 和 ἔγκλισις 这两个名称在考察语言及其变化时获得采用呢? 语言显然也是一种在的事物,也成为在其他在者之中的一种在者。因此在对语言得出见解并加以规定时,对希腊人到底是怎样把在者在其在中来加以领会的就不能不加以考虑了。只有由此出发我们才能理解像 modus 和 casus 这些名称,而这些名称正是我们认为早已摸透而毫无新义的了。

希腊人对在的看法其实已经完全被肤浅化了而且此其肤浅还未被人们看出来,甚至直到今天还成为占统治地位的西方的看法,并且不仅是在哲学学说中如此,且已熟习于日常生活中。因此既然我们在此课中不断回顾此希腊人对在的看法,我们就要靠追溯希腊人对语言的考察来标明此看法之最初的基本特点。

这条路是有意选出来的。这条路要用语法学的一个例子来指明,西方对语言的标准经验、看法和解释都是从一种对在的完全确定的领会中形成起来的,还要指明怎么会如此。

πτῶσις(名词的格)和 ἔγκλισις(动词变格)这两个名的意思是下落、倾斜和偏向。在这层意思中就有一种从正直的直立的偏向。但是这个正直的直立,它直向上而成此立,出现而立,常住而立,希腊人就把它领会为在。如此这般出现而立的东西,将常住而立,且从自身自由地搏入其 πέρας(边界)的必然性中。这个边界根本不是什么从外界才加给在者的东西。这个边界更加不是一种受起坏作用的限制这一意义上的匮乏。这个从边界那儿来自行抑制的住留,这个自有,常住者即留于其中,这就是在者的在,倒是这个在者的在才使在者成为一个这样的与非在者有别的在者。据此则出现而立,意指:自获其界,设界。因此在者的一个根本特性就是 τὸ τέλος,这不是目标之意,不用目的之意,而乃是完之意。“完”在此绝不可从否定意义来理解,仿佛什么东西因此完而再也不行了,没用了,行不通了。此完是完成意义上的完。界和完二者就是在者赖以开始去在的那回事。从这个地方来就可以理解亚里士多德为在而用的这个最高名称,ἐντελέχεια,完满现实。后世的哲学以至生物学从“隐特来希”这个名称做出来的事情(参考莱布尼兹)都表明从希腊哲学的整个衰落。这个把自身放入且充实其满界并即如此而立者就成形,μορφή。这个希腊人所理解的形之本质是从正在生起的把自身放入满界这回事中得出来的。

但从考察方面看来,这个自立于此者就变成自身亮相者,它就把自身亮于像外观所显的事物中。希腊人把一件事物的外观称为 εἶδος 或 ἰδέα。最初在 εἶδοι 这个词中也晃动着当我说下列的话时也有的意思:这事物有个面貌,它能让人看见,它待着。这事物“停着”。它安处于现象中,这就是说,它安处于其本质之表现中。希腊人毫无问题是在其中体会到在的意义的那个事物,希腊人将其称为 οὐσια,更饱满一些称为 παρουσία 的那个事物,而今所有数得出来的在之诸规定都植根于其中并即赖其结合在一起。习以为常的无思想性把此词译为“Substanz”(实体)从而毫未得其义理。我们为 παρουσία 这个希腊字找到正适合表达其意的德文字 Anwesen(在场)。我们就这样命名了一个把农民庄园与宫廷庄园都锁闭在内的园场。还在亚里士多德时期 οὐσία 这个希腊字就同时用于此意中而又用于哲学的基本语词的含义中。有点东西在场。它自立并如此亮相。它在。“在”归根到底是为希腊人说出了在场之境。

但是希腊哲学就没有再回溯到在之此一根基中去,亦即此根基所隐藏之物中去。希腊哲学停留在在场者本身当前而只求用已举出的诸规定去考察在场者。

从上述这些想来,现在我们就已先行领会了希腊人对在的这种解释,这种解释我们最初在解释形而上学的名字时就已提到过,也就是获悉在就是 φύσις(自然);我们也说过,后世的诸“自然”概念必须都保持隔离状态。φύσις 是指卓然自立这回事,是指停留在自身中展开自身这回事。在这样起的作用中,静与动就从原始的统一中又闭又开又隐又显了。这样起的作用就是在思中尚未被宰制而正在起主宰作用的在场,在此在场中在场者就作为在者而起本质作用了。但这样起的作用是从有蔽境界中才破门而出的,这就是说,当这样起的作用把自身作为一个世界来争取时,希腊文的 ἀλήθεια(无蔽境界,俗译为“真理”)就出现了。通过世界,在者才在起来。

赫拉克利特说(残篇 53):πόλεμος πάντων μὲν πατήρ ἐστι, πάντων δὲ βασιλεύς, καὶ τοὺς μὲν θεοὺς ἔδειξε τοὺς δὲ ἀνθρώπους, τοὺς μὲν δούλους ἐποίησε τοὺς δὲ ἐλευθέρους。战争是万物(在场者)之父,也是万物之王。它使一些人成为神,使一些人成为人,使一些人成为奴隶,使一些人成为自由人(《西方哲学原著选读》上卷 1981 年商务版 27 页)。

这里所称的 πόλεμος 是一种先于一切神与人而起主宰作用的

抗争,绝不是按人的方式的战争。赫拉克利特所称的这种斗争才首先让起本质作用的东西在对抗中对立起来,让地位与身份与品级都摆出来在场。在这样的对立中,鸿沟、差距、宽度与裂缝都展开了。世界就是这样对立出来的。(这个对立根本既不拆开统一,又不破坏统一。它形成这个统一,就是采集(λόγος)。πόλεμος 和 λόγος 就是一回事。)

这里所指的斗争是原始的斗争;因为是此斗争才首先让众斗争者作为斗争者出现。这个斗争并不单纯是现成的东西相冲击。这个斗争才筹划了并发展了所未闻者,和一向所未说者与所未思者。然后这个斗争还由创造家、诗人、思想家、政治家承担起来。这些行家将着这起主宰作用的力量推上其事业并即将由此展开的世界灌入此事业中。主宰作用,φύσις,就凭这些事业而在在场者身上完成了。现在在者才作为在者在起来。如此成为世界就是本真的历史。这样的斗争不仅让在者出现,而且惟独这样的斗争也把在者保持于其常住中。凡此斗争中断之处,在者并不消失,但世界转身而去。在者不再被保持着(这就是说,作为在者持续着)。在者此时只是被碰上的东西罢了,是存底。已完成者就不再是触界者(这就是说,具其形态者),而只还是完事者,作为完事者而对任何人都可供使用者、现成者,其中不复有世界之可言——倒是人在此时用此可供使用者在其中插手管事恣行。在者成为对象,或许是考察的对象(景象,图象),或许是制作的对象:成为制作品或小算盘。此原始地起世界作用者,此 φύσις,此时降为摹本与摹仿的样本。自然此时成为一个特殊范围以区别于艺术以及一切可以制造与可以设计之物。此起主宰作用者之威力之原始的卓然自

立，此 φαίνεσθαι，即是一个世界的显圣这样伟大意义上的现象，此时变成现成事物之可得而见之景了。那只眼，那种看，即曾原始地观入主宰作用中才深察出筹划来的眼与看，就此洞察而创制出事业来的眼与看，此时变成单纯的观看与细看与呆看了。这个景象就只还是光学外观的了。（叔本华的《世界之眼》——纯粹认识……）

固然永远还有在者。在者的杂拌物比以前越来越热闹和漫衍；但是在却离之而去。在者被当作无休无止千变万化的忙碌万端的“对象”并即由此被保持于其常住的假象中。

当创造家们从芸芸众生中消退而只还被容忍作为怪物，作为装饰品，作为不懂生活的孤僻人时，当本真的斗争中断而只留影子于人在现成事物范围之内争论不休的阴谋诡计活动中时，衰退即已开始。因为即使一个时代还想努力只保持其此在之流传下来的水平与高品位，水平已经下降了。这样的水平只是在任何时候都被创造性地超越时才能保持。

在希腊人的思想中，“在”的意思是说：双重意义上的常住：

1. 作为出现着的自立（φύσις），

2. 作为这样的自立却“常住”，这就是说停留着，逗留（οὐσία）。

据此想来，不在就是：从这样出现的常住中走出来：ἐξίστασθαι——“存在（名词）”，“存在（动词）”的意义在希腊人思想中恰恰是：不在。人们是在无思想性与自鸣得意中才把“存在”这个词（或名词或动词）用来作在的标记的；这样的无思想性与自鸣得意再次表明对在及其原始有力而确定的义理茫然不察。

πτῶσις（名词的格），ἔγκλισις（动词变格）的意思是下落、偏向，也就无非是：从所立之常住中走出而偏离它。我们提这个问题，为什么当时考察语言的时候恰恰用上这两个名称。πτῶσις—ἔγκλισις这两个词的含义假定了一个正直而立的设想于自身中。我们曾说：希腊人也把语言领会为某种在者从而是在其对在的理解的意义上来领会的。常住者是在着并如此这般展示着自身者、现象者。这个现象者主要是对看表现自身。希腊人在相当广义上是从视觉来考察语言，也就是从写出来的东西方面来看。说出来的东西就来居停于此中。语言在，这就是说，语言居停于词的文字图像中，居停于字形中，居停于字母中，γράμματα 中。所以语法就表象出在着的语言。反之语言通过谈话之流却逝入不持久者中去了。因而语言学就以语法方式表达出来一直延续到我们的时代。当时希腊也懂得语言的声调性格，即懂得 φωνή。他们就延立了修辞学和诗学。（然而此二者都没有从自身引出相应的对语言的本质规定。）

标准的对语言的考察仍然是语法的考察。语法的考察才从诸多词及其形态中找出基本形态之偏离、变异这样的东西。名词的基本姿态是主格单数：例如 ὁ κύκλος，圆圈。动词的基本姿态是第一人称单数现在直陈说式：例如 λέγω，我说。反之不定式是一种特殊的动词式，是一种 ἔγκλισις。这是什么样式？这种样式现在就得来规定。最好用一个例来作规定。上述的 λέγω 的一种形式是 λέξαιντο，“他们（有关的男人们）也许会被说到并被提到”——例如作为叛变者。更准确些说这种变异有如下述：此形式表达出来的是另一人称(第三人称),另一数(不是单数而乃多数),另一语态(被动态而非主动态),另一时间(过去而非现在),另一狭义的式(不是直说式而乃希冀式)。在 λέξαιντο 这一词中所称者并不被指为现成的,而只是被设想为可能在起来的。

上述这一切把变出来的词形一起表达出来,并让其随即一起加以体会。都是另一样附带表达出来,附带成立,附带让其得见,这其中正是 ἔγκλισις(动词变格)卖弄其本事的处所,这其中恰恰本立此词之义偏向一边去了。因此这个ἔγκλισις叫做ἔγκλισις παρεμφατικός。此后一个标明其义的希腊文原字 παρεμφαίνω(附带表明)真是以希腊人对作为常住者的在者的基本关系中说出来的。

这个词在柏拉图对话篇(蒂迈欧 50c)中就处于一个重要联系中。在此被追问的是变化者的变化之本质。变的意思是:出来在。柏拉图区分出三回事:1. τὸ γιγνόμενον,变者;2. τὸ ἐν ᾧ γίγνεται,变者在其中变起者,即中介,变者进入其中成形,又从其中出来变成,成立;3. τὸ ὅθεν ἀφομοιούμενον,变者从其中取得适应的标准者;因为一切变成某种东西的变者,都是预先把它将变成的东西取为榜样。



为要弄明白 παρεμφαίνω 的含义,我们须注意上述 2 条所指的。某种东西在其中变着的东西,就是指我们称为“空间”的那个东西。希腊人没有词来指称“空间”。这不是偶然的;因为希腊人不是从 extensio(广延)方面来体会空间性的东西,而是从处所(τόπος)作为 χώρα 来体会的,这个 χώρα 既不意指处所也不意指空间,却是通过立于此者来被接收、被占领的。处所属于事物本身。各别的事物各有各的处所。变者就被摆到此处所“空间”中去又从其中摆出来。但为要使此事成为可能,“空间”就必须绝不沾染他无论会从何处收受来的任何外观的方式。因为倘若“空间”竟和随便一个压到它身上来的外观方式相像的话,它就会在接收有些是相反的有些是全然别样的东西的形象时把它须把原象显现出来这回事搞得乱七八糟,因为它这样做时就是要把它自己的外观附带表现出来嘛。ἄμορφον ὄν ἐκείνων ἁπασῶν τῶν ἰδεῶν ὅσας μέλλοι δέχεσθαί ποθεν. ὅμοιον γὰρ ὄν τῶν ἐπεισιόντων τινὶ τὰ τῆς ἐναντίας τά τε τῆς παράπαν ἄλλης φύσεως ὁπότ’ ἔλθοι δεχόμενον κακῶς ἄν ἀφομοιοῖ τὴν αὑτοῦ παρεμφαῖνον ὄψιν. 变着的诸事物被摆进其中的这个东西,恰恰就不容许显现出一种自己的景象和一种自己的外观来。[所引《蒂迈欧篇》的段落就是想不仅讲明白 παρεμφαῖνον 与 ὄν 二者之间,也就是附带着现象与即为常住的在二者之间的相属关系,而且也指明,从柏拉图哲学以来,也就是说在把在解释为 ἰδέα(理念)的过程中,把几乎未被掌握的处所(τόπος)以及 χώρα 的本质改变为用范围大小来规定的“空间”这回事已在进行中了。χώρα 不是也可以意指:从任何殊相脱离者,并即以此方式恰好包涵他物且即为它“腾出地方”的回避者吗?]现在我们回到已提过的 λέξαιντο 这个词形上来。由此词就出现这回事:此词把一种 ποικιλία(叙述)从含义的方向表现出来。因此它叫做 ἔγκλισις παρεμφατικός,偏离,此偏离在附带表现:人称,数,时间,语态,式。这回事又是以此一回事之根基:只消此词让象现出(δηλοῦν)时,此

词就作为这样的词而在。如果我在 λέξαιντο 之旁还提出 λέγειν 这个不定式形式，那么我们在此面对着 λέγω 这个基本形式又见到一个变化形式，ἔγκλισις（动词变格），但却是在其中并不表现出人称、数、式来的这样一个变化形式。在此 ἔγκλισις 以及按其含义有所表现都显出一点不足之处。因此这一词形叫做 ἔγκλισις ἀ-παρεμφατικός（不附带表现的偏离—变格）。这个否定名称是与拉丁文的infinitivus（不定式）这个名称符合一致的。不定式这个形式的含义就不是限制而且钉死在上述按照人称，数等等的见地中。拉丁文用 in-finitivus 来译 ἀ-παρεμφατικός 的此一翻译值得重视。希腊文原字是把立于自身或倾斜自身者的情况都放入景象并使其表现，此情况却消失了。只剩下限制出来的形式上的印象起规定作用。



当然有而且恰恰在希腊文中也有被动态与中动态的不定式以及现在式，完成式与未来式的不定式，于是不定式就至少表现出动态与时间之别来了。此情况引来过各种关于不定式的争论，我们在此就不追究这些争论了。只有一点须得从这里去弄清楚一些。λέγειν 说，这个不定式形式可以这样来被理解，即我们用它时不再想到动态与时间，而只想到这个动词笼统意指什么与表现什么。这样看来原始希腊文把事实情况标明得特别好。在拉丁文名称的意义之下，不定式就是这样一个词形，这个词形把在此词形中所意指的东西一切确定的意义关联仿佛都割断了。此词形的意义是从一切特殊关联中抽出来的（抽象）。在此一抽象中，不定式只给出人们靠此词在笼统设想的东西。因此人们在今天的语法学中说：不定式是“抽象的动词概念”。人们只是笼统而一般地理会所意指的东西。人们单独称此一一般所意指者。在我们的语言中不定式意指动词的指称形式。在此不定式的词形与含义方式中有一缺点,有一过失。不定式**不再**把动词此外还摆出来的情况表现出来了。

其实不定式在语言的词形出现的时间序列中也是一个较晚的与最晚的结果。此点从令我们来讨论其可追问之处的这个希腊词形的不定式身上就可看出来。“在”的希腊文叫做 εἶναι。我们知道,一种标准化了的语言总是以多种方言的原始地方性与历史性的说法中演化出来的。所以荷马的语言就是各种方言的混合物。这些方言保持着较早期的语言形式。在不定式的形成过程中,希腊文方言的解体情况最源远流长,也正因此语言研究就把不定式的各别情况定为主要标志,“以便把各种方言加以区分与分类”(参看 Wackernagel,关于句法的教程 I,257 页以下)。

在,在雅典一带的阿提卡方言中叫做 εἶναι,在阿卡狄亚地方的方言中叫做 ἦμαι,在勒斯波斯岛方言中叫做 ἔμμεναι,在纪元前 7—5 世纪的多里方言中叫做 ἦμεν。在在拉丁文中叫做 esse,在古意大利窝斯基方言中叫做 ezum,在古意大利乌翁布林方言中叫做 erom。在希腊拉丁两种语文中 wodi finiti(定式)都已经固定下来而且共同了,而 ἔγκλισις ἀπαρεμφατικός(不附带表现的变格)却还保留其方言特点而又变动着。我们注意到这些情况即已指出不定式在语言的整个范围内都有一种突出的意义。仍然还有一个问题未决:所提到的不定式形式的持续不变性究竟是从哪里来的?是从它是表现一种抽象而晚成的动词形式而来吗,还是从它是作为一切动词变化的基础而来的呢？另一方面提醒一下在不定式词形面前要留神当心也是合适的，因为从语法学上看来，恰是这一词式把动词的意义交代得最少。

就算是我们重视我们常用以谈“在”的这一词形了，然而我们对如此谈论的这一词形还简直没有充分搞清楚。我们说“这个在”。我们这样说，是把这个冠词摆在抽象不定式之前而改造成一个名词：τὸ εἶναι。这个冠词本来是一个指示代名词。这个冠词的意思是说，被指到的东西仿佛自己站着与在着。此起指示作用与指出作用的称谓在语言中一直有着突出的贡献。如果我们只说“在”，那么所指称者仍然就已够不确定的了。然而通过把不定式改造成动名词，那已居于不定式中的空空如也仿佛还落实了；“在”就被说成是一个实实在在的对象了。这个动名词“在”就主张，这个所指称者现在自己就“在”了。“这个在”自身现在就变成正“在”着的这样一个东西了，其实却显然只有在者在着，但并非还有这个在也在着。假使这个在本身果真就是在在者身上的某种东西的话，那么我们就得找到它嘛，尤其是我们若在个别事物中不能确定地把握到它的各种特殊状态，那么这个在在者身上的在者在也要迎面来见我们嘛。

如果这个词形已经投靠了一种空空如也而且又投靠对此空空如也的似是而非的落实，我们还能对这个在是一个这样空的词感到惊奇吗？“这个在”这个词向我们发出警告。我们切不可被引诱进入一个动名词的最空的形式中。我们也不可沉溺在不定式“在”的抽象中。如果我们想从根本上由语言方面来吃透“在”，我们就得一眼钉住：我在，你在，他，她，它在，我们在等等，我曾在，我们曾在，我们在过了等等。但即使如此，我们在此对“在”是什么及其本质何在的了解亦丝毫未更加清楚。刚刚相反！我们就来试试吧！

我们说：“我在。”任何人都只能把此所指的在从自身来说：我的在。这个在存于何处与藏身何处？看来势须我们最先来把这个在投入光明，因为没有任何别的在者像就是我们自身的这个在者和我们靠得这样近。所有其他在者都不是我们自身。如果我们自身不在，所有其他在者还“在”而且已经“在”。看来我们对任何其他在者都不能像对就是我们自身的这个在者这样近地在着。其实我们连这样的说法都不能说：我们近靠着就是我们自身的这个在者在着，因为我们就是这个在者本身嘛。然而话在此却须这么说：每个人对自己本身都是最远的，就像这个我对在“你在”中的这个你一样远。

但今天流行的是这个我们。现在是“我们时代”取代了我时代。我们在。在这句话中我们称呼的是什么样的在呢？我们也说：窗户在，石头在。我们——在。在这个说法中，就是判明一个我的多数之现成的在这一回事吗？提到“我曾在”与“我们曾在”，提到在过去中的在又是怎么回事呢？这回事是对我们一走了之了吗？或者是曾在的这个我们现在呢？我们不是恰恰只变成我们的现在吗？

对“在”之确定的动词形式的考察带来了对在的澄清的反面结果。此一考察简直引至一种新的困难之前。我们可以把“说”这个不定式与“我说”这个基本形式拿来和“在”这个不定式与“我在”这个基本形式比较一下。在此“in(在)”和“bin(我现在)”表现为按照词干而有区别的两个词。而过去形式中的“war(曾在)”与

"gewesen(在过了)"又和上两词有区别。现在我们就处于要追问"在"这个词的各有区别的词干这个问题之前。

### 2."在"这个词的词源学

首先要来报道一下,关于"在"这个动词的各种变化中出现的各种词干语言研究知道了什么。现在关于这方面的知识绝非定论;倒不是因为还有新事实出来立论,而是因为犹有待于迄今所知者须用新眼光和更真的追问法来普查一遍。"在"这个动词之全部变化复杂情况是由三种各别的词干来规定的。

首先将指称的两个词干是印度日耳曼语的而且也出现在希腊语与拉丁语的"在"这个词中。

1.这个词的最古老的本来的词干是"es",梵文的"asus",生活,生者,由其自身来立于自身中又走又停者:本真常住者。在梵文中此处还包括动词变形 esmi,esi,esti,asmi。与此相应的希腊文是 εἰμὶ和 εἶναι,拉丁文是 esum 和 esse。通通归属一起是:sunt,我们在和在。仍然值得注意的是,在所有的印度日耳曼系语言中自始这个"它在(ἔστιν,est…)"就贯彻始终。

2.另一个印度日耳曼语的词干是 bhû,bheu。也属此干的希腊语是 φύω,起来,起作用,由其自身来站立并停留。这个 bhû 迄今一直被按照通用的外形的看法用 φύσις 和 φύειν 来解释为自然与"生"。这种较原始的解释是从与希腊哲学的开端的分歧中得出来的,这个"生"也就从这种较原始的解释中表明为升起,这个升起又是从在场与现象来加以定义的。后来人们把 φυ-这个根摆到与

φα-φαίνεσθαι(见光)中去。于是 φύσις 就会是升起在光明中者，φύειν就是照亮、亮相，因而就是现象了。(参阅比较语言研究杂志，第 59 卷。)

同一词干在拉丁文中是完成式 fui，fuo；同一词干在我们德语中是“bin(我在)”，“bist(你在)”，我们“birn(在)”，你们“birt(在)”(后两词形在 14 世纪时消失了)。和保持至今的“bin”和“bist”一起保持得较久的是命令式“bis”〔“bis mein Weib，sei mein Weib(做我的老婆，当我的老婆)”〕。

3.第三种词干只在“sein”这个日耳曼语动词的变形范围中出现：wes；印度语是：vasami；日耳曼语是：wesan，wohnen(居)，verweilen(停)，sich aufhalten(留)；属于 ves 的变化的还有：Fεστία，Fάστυ，Vesta，vestibulum。由此构成德语中的：“gewesen(在过了)”；还有：was(什么)，war(曾在)，es west，wesen(存在)。“wesend(存在着)”这个现在分词还保存在 an-wesend(在场)，abwesend(不在场)中。名词“Wesen”原本并不意指是什么这回事，quidditas，而是意指持续为当今，在与不在场。这个“sens”在拉丁语的 prae-sens 与 ab-sens 中都已消失了。“Dii con-senfes(崇高的诸神)”是意指一起在场的诸神吗?

我们从这三种词干中取得三种一眼看清的确定含义：生，升起，停留。语言科学查明此点。语言科学还查明了，这些起初的含义今天已消失了；只有一个“抽象的”含义的“在”还保存下来了。在此却出现一个决定性的问题：所举的三词干的情况在何处并如何取得一致？是什么承担并指引了这个在的传说？我们说在的说植根于何处——按其一切语言上的变化看来？这个说与这个对在的领会，这二者是一回事吗，或不是呢？在和在者的区分是怎样在在的传说中起作用的？尽管所提到的语言科学中查明诸情况是这样有价值的，却不能有了这些情况就算了呀。因为按这些查明情况才不得不开始*追问*。

我们须提出一连串的问题：

1. 在构成“在”这个词的当时是玩了什么样的“抽象”的把戏？

2. 在此事中，根本谈得上抽象吗？

3. 就算到底还剩下得有一点抽象的含义又是什么样的呢？

4. 在此出现的情况是：各种不同的含义，也就同时是各种不同的经验，汇合成为*一个*动词的，而且不是任何一个动词的语形变化成分。能够把此一情况解释为：人们说着话，而在上述情况出现时却丧失了一点东西吗？单纯通过丧失就不会出现任何东西，至少不会出现原始各种不同的东西混合在其含义的统一中这样的东西。

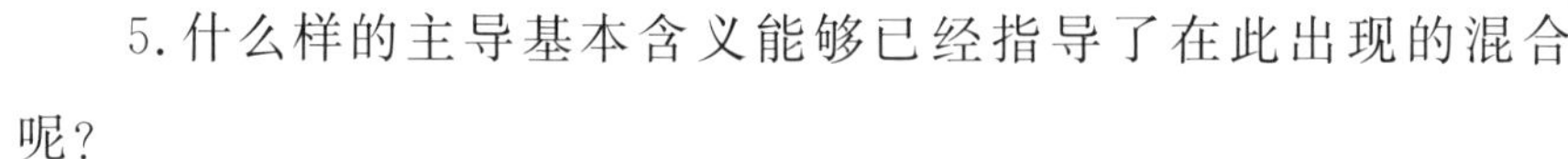

5. 什么样的主导基本含义能够已经指导了在此出现的混合呢？

6. 什么样的主导含义始终保持在如此混合而致模糊不清的情况中。

7. 在此也对其他一些词进行语源学研究；恰恰是“在”这个词的内部成词历史岂不一定是从通常把此词和上述其他任何词等同起来的过程中得出来的吗？特别是如果我们细想一下，这些词干含义（生，升起，居）岂不已经是把可说的内容邻近范围内的随便一些详节称呼出来并才称说来揭露出来的吗？

8. 在的意义由我们看来只是由逻辑语法的指点而是“抽象的”

因而是引申出来的，这样的在的意义能够是自身完满而原始的吗？

9. 语言之此一从足够原始的情况中把握来的本质有法子显示一下吗？

为什么根本是在者在而倒不是无在？我们问的这个问题就是形而上学的根本问题。在这个根本问题中已经飘荡着这个前伏问题：关于在有些什么情况？

我们讲“在”，“这个在”一词时意指什么？我们来试图作答时立即陷入困境。我们把握到把握不到的东西中去了。可是我们还在继续被在者纠缠着，和在者有关，一直知道我们自身就“是在者”。

“这个在”在我们看来只还是一个字音，一个用滥的名称罢了。如果给我们留下的已经只还剩这一点东西，那么我们至少必须试图把握一下所保有的这最后一点东西吧。因此我们问：关于“这个在”一词有些什么情况？

我们从两条途径来解答这个问题，就是引向这个词的语法学和引向这个词的语源学这两条途径。我们把对“这个在”一词的两层探讨的结果总结一下。

1. 对此词形作语法学的考虑的结果是：在不定式中此词的几种确定含义都失效了，变成模糊含义了。此不定式变成名词就更加强而使此模糊含义成为笃定的了。此词变成一个名字，指称某种不确定的内容。

2. 对此词含义作语源学的考虑的结果是：我们很久以来以至今天还用“这个在”一名来指称的，按照含义是由三种不同的词干含义来互相调整着的一个含糊含义。三种词干含义中一种也不能单独而且起确定作用地垄断此一名字的含义。这种含糊含义与那种模糊含义碰在一起。我们本来是从下述事实开始想问题的:"在"这个词是空的而且是飘浮不定的含义;现在将上述两种考虑结合在一起我们就为此一事实找到充分的解释。

# Ⅲ. 追问在的本质问题

我们已经着手考虑“在”这个词，以求摸透此中谈到的事实从而把此事实摆到其所归属的地方去。我们不愿像对待有狗有猫那样的事实一样去不假思索地承受此一事实。我们要对此一事实本身采取一种态度。我们要这样做时冒着下述危险：此一“要做之意”给人顽固不化的印象，等于来到遁世嫉俗的空寂之境，把不相干与不现实的事认为现实而仍然是在咬文嚼字的半天空。我们要摸透此事实。我们尝试的结果是判明语言在语言发展过程中形成“不定式”，例如“在”(sein)，而语言又随时间之推移将不定式用成此词之一个模糊而不定的含义了。在(ist)就是一例。我们倒没有摸透此事实，却附带或随即把语言史之另一事实摆出来了。

如果我们现在就语言史的这些事实又来估计并追问，为什么这些事实是如此，这些事实是怎样的，那么我们也许还可引为解释的根据的东西却变得不是更明亮了，而是更昏暗了。关于“在”一词是其现在的情况一样的情况，此一事实在其无可抗拒地成为事实时简直僵硬无比。然而这回事老早就是这样了没啥稀奇。哲学中通行的办法也就是从此情况出发，所以劈头就说：“在”这个词有最空的因而是统括一切的含义。从此词身上想到的内容，即概念，因而就是最高的类概念，即 genus(类)。人们固然可如古代本体论所说，硬指出这个“ens in genere（普遍的东西）”，但同样无疑在此中再找不到任何内容。要想把形而上学之决定性问题系到此一空的词“在”身上去，这就叫做将一切抛入迷惘。在此只剩下一种可能性，就是承认上述词义空空的事实并即自谋出路。看来我们现在对此就乐得像此事实已由语言史从历史线索上解释清楚了一样，索性心安理得算了。

那么离开“在”这个词的空题目吧！可是又到什么地方去？回答并不难。我们充其量会吃惊一下我们居然在“在”这个词处耽得这么长久与这么费事。离开“在”这个空而普遍的词并奔向在者自身的个别领域之特殊情况去吧！要干此事马上就有很多玩意儿供我们调遣。随手抓到的事物，时时刻刻在我们手边的一切器具、工具、车辆等等。如果这件特殊的在者对我们嫌太平常了，配起《形而上学》来不优美，不够味儿，我们就可以去找我们周围的大自然，陆地，海洋，山脉，河流，森林；还可以去找这些个别景物中的：树，鸟与虫，杂草与石头。如果我们的目标是浩大的在者，那么地球就在我们身边。同样的情况像眼前的山峰在着，山后升起了月亮或一颗行星都在着。在一条热闹的街上在着拥挤的人群。在着我们自己。在着日本人。在着巴赫的追逸曲。在着斯特拉斯堡的大教堂。在着荷尔德林的赞美诗。在着罪犯。在着精神病院的精神病患者。

在者到处都是而且随你高兴怎么找总有在者。毫无疑问。然而我们到底是从哪里知道，我们这样有把握地指指数数的一切，总是在者呢？此一追问听起来有点笨头笨脑，因为我们硬是可以毫无欺诈地向每一个正常人摆明这个在者在嘛。当然。〔在此也并非必需要我们去用“在者”这个流通的语言所不用的词。〕现在我们也不想到去怀疑，到底一切这样的在者是不是在，因为我们要是怀疑的话，也是由下述据说是科学的论断引起的：我们所经验者只是我们的感觉而我们又摆不脱上述一切始终与之有关涉的我们的肉体。当然我们深愿把我们的看法写在先：这样的一些考虑，居然轻而易举地享有一个最高的批判的与熟虑的声誉，其实整个是非批判的。

而今我们就让在者如此这般，既像它日常在我们面前这样，又像它在伟大的时刻簇拥而上冲锋陷阵，激扬奋发与萎靡消沉那样。我们让一切在者如其所是地在。但是，如果我们听其自然不加苦思冥想地把我们保持在我们的历史的此在的长流中，如果我们一直让在者在成它所是的在者，那么我们在此一切情况中已经必须知道：“是”与“在”，这是怎么回事？

但是，如果我们不能预先把在与不在划分清楚，我们又该怎样来断定一个估计随便在什么地方与随便在什么时候的在者不在呢？我们该怎样来作成此有决定作用的划分呢，如果我们并不笃定而确定地知道在此被划分的不在与在者本身意指什么的话？如果我们连“在”与“不在”都从未领会过，我们怎么还会有朝一日领会在者是一个在者呢？

但是我们经常碰到在者。我们从在者的如此在与别样在去划分在者，对在与不在作出判断。由此我们知道得一清二楚，“在”是怎么回事。有的主张说这个词是空的与不确定的，这个主张看来只是一种肤浅的讲法和一个错误。

我们通过这样的考虑就陷入一个前后非常冲突的处境。最初我们已经断言:“在”这个词告诉我们的毫无确定内容。我们毫未唠叨什么,而是当时即发现而且现在也还发现:“在”有一种浮动而不确定的含义。但是另一方面现在进行过的考察却说服我们承认,我们把“在”清楚而准确地和不在划分开来。

为要使我们在此安然,我们必须注意下列情况:固然可以有疑问:是否某个地方与某个时候有一个个别的在者或者这个在者根本不在。我们可能对下述情况自己都糊里糊涂:例如那里那扇正是一个在者的窗户是否在关着或者这样一扇窗户根本不在。可是哪怕只为可以有根本只是疑问一下这回事,在与不在的确定的分别就必须浮现在眼前。在是否和不在有区别,我们在此情况中并不怀疑。

可见“在”这个词在其含义上是不确定的而我们理解它却是确定的。“在”表明自身是一个最高度确定的完全不确定者。按照普通逻辑在此就出现一个明明白白的矛盾。但是自相矛盾的东西是不能有的。没有四方形的圆。然而却是有那个矛盾:这个在是确定的完全不确定者。在此,如果我们毫不愚弄自己而在一天许多事务忙忙停停之中有一瞬间注意一下,我们就见到自身处于这个矛盾当中。我们的此一处境是这样的现实,没有其他我们勿论称为什么的东西有这样现实,比狗和猫,汽车和报纸更现实。

在我们心目中在是一个空洞的词,此一事实突然一下子获得了完全不同的面貌。我们最终却变成不相信前所主张的此词是空的了。如果我们更加深切地去想一想这个词,那么事情终于摆清楚:此词的含义经过一切模糊、混杂与一般化的折腾之后我们还是把它意指某种确定者。此一确定者是这样的确定而且别无他例,以至于我们甚至必须说：

这个随便任何一个在者都对它有份儿的在，这个由此而散落在最熟悉的事物中的在，却是世间所有最惟一无双的事物。

其他的一切别的事物，所有的在者与任何一个在者，即使它是惟一的时候，还是可以和其他事物比较的。通过进行比较的多种可能性，此一事物就越来越可加以确定了。此一事物就根据此一可加以确定的情况而处于一个多种多样的不确定状态中。反之，这个在却不能和任何其他事物相比较。别的事物对它都只是无。在此就没有什么可以比较。如果这个在如此这般形成最惟一无双与最确定的，那么“在”这个词也就可以不始终是空的了。这个词在真实情况中也从未空过。我们很容易通过一次比较就信服此点。如果我们接受到“在”这个词，或者是作为声音听到的，或者是作为文字看到的，总之都马上觉得和“abrakadabra”这句胡话的声音序列与字母序列完全不一样。这句胡话固然也是一个声调，但是，我们在此要说不知所云，此声调是毫无意义，即使它作为符咒有其意义也不相干。反之，“在”在这样的方式中不是毫无意义。“在”在被写出来与被看到时不是毫无意义，马上就和“kzomil”完全不一样。此一字形固然也是一个字母序列，但却是我们读它时什么也想不出来的这样一个字母序列。根本就没有一个空词，而只有一个用滥了的却仍然还意义填得满满的词。“在”这个名称保留它的称呼力量。那个指示：“离开‘在’这个空词而走向特殊的在者！”不只是一个性急的指示而且是一个最高度成问题的指示。我们还来把一切都就一个例子斟酌一番，当然这个例子和我们围绕我们的问题所举的每一个例子一样，从来展示不出其有效范围内

的整个事实情况因而一直担负着一大堆保留。

我们为举例说明而不提“在”这个一般概念而提“树”这个一般表象。如果我们要把树的本质是什么说一说而且划定范围，我们就离开一般表象而转向一些树的特殊品种和这些品种的个别实例。此一做法是这样地不言而喻，差不多我们都不好意思把它单提一下了。然而事情并不这样简单。究竟我们怎么会发现这许多特殊例子，这些个别的树就是树，就是树这样的东西呢？究竟我们怎么会把这样的东西，把一些树作为这样的东西，哪怕只是能够找找呢？除非是我们对一棵树到底是什么的表象早已心中有数了。倘若“树”这个一般表象真是这样完全不确定而且含糊不清以至于我们在寻找与发现中竟得不到任何可靠的指示的话，那就可能出现这样的情况：我们竟凑凑合合把汽车或兔子作为确定的特殊者当作树的例子了。我们为要进一步确定“树”的本质多样性而必须把此特殊范围踏行一遍，如果这也是对的话，那么下述情况却至少是同样对的：只有当我们越是原始地设想与知道“树”的一般本质，在此也就是“植物”本质，而这就是说“生物”与“生命”本质，摸清楚此其本质多样性的工作才得开始才得提高。如果在此工作中对树的情况正待展开的知识我们还心中无数而此正待展示的知识从自身中与从其本质渊源中都还没有明白可见地确定清楚，那么我们可以成千上万遍地找遍所有树，——一切还停留在一种性急的大胆妄为状态中，在此状态中我们面对一片树木而看不见树。

可能有人恰恰就用事情关涉到“在”的一般含义来回答说，既然“在”的一般含义就是最一般的了，那么由它出发，设想就不可能再升到更高级了。如果我们要克服词之空，那么在最高的与最一

般的概念处指出在它“之下”的内容，不仅是值得考虑的，而且是惟一的出路。

勿论此一想法显得如何有分量，总之此一想法是不真的。现提出两条理由：

1. 在的一般性是不是类(genus)的一般性这样的一般性，这根本就是成问题的。亚里士多德已经觉察到此成问题的情况。由此看来，到底个别的在者是不是总能成为这个在的例子，就像橡树成为“一般的树”的例子那样，始终成问题。在的诸方式(在作为自然，在作为历史)是不是表现为“在”这个类的“品种”，这是成问题的。

2. “在”这个词诚然是一个一般的名而且好像是许多词中的一个词。但是此一好像是的情况迷惑了人了。这个名及其所指称者是惟一无双的。因此任何通过例子来直观此名之举到底都不对头，而恰恰在鉴于下述情况时不对头：每一个例子在此一情况中都表明得一点也不太多，而永远是太少了。如果上文已经提请注意此 必要性：我们必须预先已经知道“树”是什么，然后才能找出与发现个别树种的特殊件就是这样的树，那么此一必要性就“在”说来更加是决定性的了。我们已经领会“在”这个词，此一必要性是最高的与无可比拟的必要性。因此从关涉到一切在者的“在”的“一般性”中得不出这样的结论：我们要尽可能快地摆脱这个一般性而转向特殊件，倒是要得出相反的结论：我们坚持在此一般性上并把此一名称之惟一无双情况确知在心。

“在”这个词由我们从含义上看来仍然是一层不确定的薄雾，与此事实相对的另一事实是：我们另一方面领会着“在”而且把它

对比“不在”有把握地区别开来，这后一事实不仅是另外的第二个事实，而且两个事实合而为一。这个合一同时却对我们根本已经失去事实的性格了。我们绝不会在许多别的现成事物中遇见这个合一也是现成的。绝不会有那样的事，可是我们感到，在我们迄今只抓到的像是一个事实的东西中，有点事情发生了。这个事情是以一种方式出现的，这种方式是从其他一切“事件”的系列中掉落出来的一种独特方式。

可是在我们进一步努力去把在上述事实中发生的事情的真实情况摸索出来之前，我们再一次而且是最后一次试着把它作为某种已知的和无所谓的东西来对待。我们假定，这一事实根本没有。假定：根本没有“在”的不确定的含义，而且我们也不领会这个含义是什么意思，那会是什么情况呢？那就会是在我们的语言中少了一个名字和一个动词而已吗？不是这回事。那就根本没有任何语言了。那就根本没有在者在词语中作为这样一个在者展示出来这回事了，根本没有在者会被提到与论到这回事了。因为说在者是这样一个在者，这回事就把下述这回事包含在本身之内：预先把在者领会为在者，也就是领会为它的在。假若：我们根本不会去领会这个在；假若：“在”这个词连那种浮动的含义都根本不会有，那么恰恰就连任何一个惟一的词都根本不会有了。那么我们本身根本就绝不会是说着话者了。那么我们根本就绝不会是我们现在正是的我们了。因为，是人，这就是说：是一个说着话者。人是一个是与否的说话者，只因为人归根到底就是一个说话者，是惟一的说话者。这是人的荣誉同时又是人的需要。此一需要才把人和石头、植物和动物区别开来，而且也和诸神区别开来。假若我们长了千

手千眼，千耳以至千数其他感官，假若我们的本质不是植于语言的力量中的话，那么一切在者都会是和我们鸿沟永隔：我们本身就是的在者就和我们鸿沟永隔，不亚于我们本身不是的在者和我们鸿沟永隔。

从对迄今所述的回顾中就展现出下述情况：当我们首先把在在我们心中只是一个有浮动含义的空词这回事（目前是无名之事）定为一个事实时，我们已把这回事降低而把它本来的级别撤销了。反之就我们的此在说来，我们领会了哪怕是不确定的在这回事就有了最高的级别，这是因为一股力量显示在此一级别中，而我们的此在的本质可能性根本就植根于此一力量中。这回事并不是许多事实中的一个事实，而是按其级别拥有最高荣誉的这样一回事，当然为此还须懂得我们的此在总是历史性的，绝不会停留在随便是什么都无所谓的状态。甚至即使我们的此在竟然停留在一个随便是什么都无所谓的在者状态了，我们也还必须领会这个在。若没有领会这个在，我们就连对我们的此在说一声否都做不到。

只有当我们把对在的领会的此一优先地位评定在它的级别中的时候，我们才证实了它的级别。我们能够以什么方式评定此一级别，把此级别保持在其尊严地位上呢？这不是随我们高兴的事。

因为对在的领会首先而且多半是浮动在一种不确定的含义中却又可靠而确定地停留在此一知识中，因为对在的领会因而各次处于其级别中时都是晦而不明，隐而不显的，这就必须使其澄明照亮，摆脱隐蔽之境。怎样才能做到这一步？惟有待我们对原只被当作一个事实的对在的领会加以追问，将这个在作为问题提出始可。

追问就是对我们的此在从最高级别将其保持在力量中的事物加以尊重的真的与对的惟一方式。因此我们对在的这种领会法,尤其是这个在本身,就是一切追问中最值得追问者。我们越是直接而坚决地保持在最值得追问者处,我们追问得就越真,当然此时这个在对我们说来就是完全不确定的却又是最高度确定的所领会者。

我们领会"在"这个词从而也领会它的一切变异,不过外表看来此一领会好像始终是不确定似的。我们领会这样一个玩意儿,在此领会中随便它怎样向我们敞开出来的这样一个玩意儿,我们就说:它有一种意义。只消这个在是被领会了,这个在就有一种意义。把这个在作为最值得追问者来经验并理解,专为这个在来追问,这就不折不扣地叫做:追问在的意义。

在《存在与时间》的讨论中,追问在的意义的问题第一次在哲学史上被特地作为问题提出来并发展了。在那里也把意义是指什么(就是指在的敞开状态,而不只是指作为在者这样的东西的敞开状态,参看《存在与时间》第三十二、四十四、六十五节)详细地讲出并加以论证了。

为什么我们不可以把现在所指称的再称为一个事实?如此称为事实何以从一开始就已是引入迷误的?因为我们领会在这回事,在我们的此在中,不只是和我们有如此这般长着的耳垂这回事差不多一样也出现着。除此而外随便一种其他形象都还可能来造就这个听觉器官嘛。我们领会在这回事不仅是现实的,而且是必然的。不使在如此敞开,我们根本不可能成为"人"。我们存在,这回事固然不是绝对必然的。根本就有这种可能性:人根本不存在。

确实有过一个时期，在此时期中人未曾在。但严格讲来，我们不能说：有过一时期，在此时期中人不曾在。在任何时间人都曾在而且现在而且将在，因为时间只有在人在的情况下才成其为时间。没有一种时间是人不曾在其中的；所以如此，不是因为人是从永恒而来又在入一切永恒中去，而是因为时间不是永恒而且时间只有作为人的历史的此在才成其为一个时间。但是如果人处于此在中，那么人能在此的一个必需条件就是：人领会在。只要人领会在是必需的，那么人也就是历史地现实的。于是我们领会在，然而不是像乍看起来好像是的那样只从浮动着的词义去领会。我们领会着此不确定的含义是在那样一种确定性中来领会的，那种确定性倒是明确地划定着自己的范围，而且不是事后才划的，而是作为在不知情的情况下从根本上支配着我们的这样一种确定性来划定范围的。为了表明此点，我们又从“在”这个词出发。在此却须回想到，我们是按照开端时所提的形而上学主导问题来使用这个词的，而且使用得这样遥远，以至于这个词只有在无处才找到它的边界。任何不是绝对地无的事物都在，甚至无在我们处也“属于”“在”。

我们已经在此以前的考虑中完成一个决定性的步骤。在一门讲课中，一切都依赖于这类步骤。在我开的课中随便向我提出的一些问题一再暴露出，听课的人多半是按照相反的方向去听而且总是执着在一些细节上。固然在一些学科的讲课中这种联贯也是最紧要的。但就各学科说来这种联贯是直接由总是随便怎么样出现为各学科的对象来规定的。反之就哲学说来不仅没有什么现成对象，哲学根本没有对象。哲学是一种境遇，这种境遇任何时候都必须（在其所领有的敞开境界中）全新地获致它的在。只有在这种遭遇中哲学的真理才敞开出来。于是在此对一些步骤的吃透与共举就是在遭遇中起决定性作用的事了。

我们已经举行了什么样的步骤?什么样的步骤需要我们总要做了又做?

我们已经把下述情况作为眼下的一种事实列举过:“在”这个词有一种浮动的含义,几乎像是一个空洞的词。更仔细地探讨一下此一事实就已看出:词义的浮动找到了它的解释 1. 于不定式固有的模糊不清中,2. 于所有三种原始的动词词干所汇集成的模糊不清中。

我们就把经过如此解释的事实标记作为形而上学中所有流传下来的追问“在”的问题之无可动摇的出发点。形而上学从在者出发又归结到在者上去。形而上学不是从在出发进入在的敞开境界之可问处去。因为“在”的含义与概念都有最高的普遍性,“形—而上—学”(Meta-physik)作为起较近的规定作用的“形学”(Physik)就再也高不上去了。于是它只有这条路可走:撇开普遍者而归附特殊的在者。这样一来,“在”的概念之空洞也被填满了,也就是由在者在填满的。然而“撇开在而归附特殊在者”这条指示却表现出:这条指示嘲弄了它自己还不晓得是怎么回事。



因为只有当我们而且要看我们怎样已经劈头就从在的本质领会着在的时候,那个多方提到的特殊在者才能作为这样一个在者敞开在我们面前。

这个本质已经澄明了。但这个本质还停留在未加疑问的境地中。

现在我们来回顾开头提出的问题:“在”只是一个空洞的词吗?

或者在和追问在的问题是西方思想史的宿命吗?

在只是一桩蒸发着的实在之最后一缕烟云吗?面对此蒸发着的实在所余惟一可行之事就是让它充分蒸发为一无可无不可之景吗?或者在是最可问者吗?

这样追问着,我们就完成着关于一桩无可无不可的事实的有决定性的步骤,完成着关于"在"这个词之臆想的含义空洞的有决定性的步骤,而指向最可问的境遇,即在必然敞开于我们的领会中了。

形而上学所茫然依据的似是无可动摇的单纯事实,却动摇了。

迄今我们已经试图在追问在的问题中着重去按照词形和含义把握这个词。现在摆明了:追问在的问题根本不是语法学与语源学的事情。如果我们现在虽然又是从这个词出发,这个词却必须有在此是和语言打交道而根本成为一种独特的情况。

语言,词,通常都被认为有经历时事后顺便表达经历之用的。只消在这些经历中有些事物和情况被经历到,语言也就间接地表达出,仿佛像已经历的在者的再现一样。例如"钟"这个词就容许有熟知的三重区分:1.从可听到与可看到的词形着眼;2.从当事人当前意想到的内容的含义着眼;3.从事物着眼:一架钟,这架个别的钟。在此区分中第(1)项是第(2)项的标记,而第(2)项是第(3)项的指点。那么我们大概也可以就"在"这个词来区分词形、词义和事物三者。很容易看出:只要我们只停留在词形及其含义二者处时,我们从事追问在的问题就还没有达到事物。如果我们竟想认为,只消通过对词与词义的探讨就已把握到事物与事物的本质,在此就是把握到在，那么这会是一个明明白白的错误。我们切不可迷溺于此种错误；因为我们的做法就会等于这样行事：根本不进行必要的物理实验，而只用从语法上去讨论一下“原子”和“以太”这些词的办法，去研究与确定以太和物质的运动过程与原子流。

不管“在”这个词也许是有一种不确定的含义也罢，或者也有一种确定的含义也罢，或者看起来有点二者兼而有之也罢，总之要做的事情是，超出遵照含义行事的范围，走向事物本身。但是“在”是一个像钟、房子以及随便什么一个在者一样的事物吗？我们已经常常碰钉子而且碰得够受了：在根本不是在者也根本不是在者的组成部分。对面那座大厦的在并不也是一点东西，并不像房顶与地下室有相同的风格。所以没有什么东西和“在”这个词及其含义相对应。

但我们不能由此得出结论：在只存在于词及其含义中。词义作为含义却造不出在的本质来。如果要这样认为，那就等于说，在者的在，例如上述大厦，存在于词义中。要这样认为，就会显然又不对题了。我们倒是在“在”这个词中，在其含义中，通过这个含义，指认着在本身；不过如果我们把东西(Sache)理解为随便一种在者的话，那么在本身根本就什么东西都不是。

由此得出结论：就“在”这个词及其几种变异的情况看来，就属于这个词范围之内的一切情况看来，到底是这个词与含义是更原始的与其所指的事物同根相连，但是也有反过来的情况 。这个在本身是在一种完全不同而且更加根本的意义上和这个词血肉相连，任何一个在者都没有此情况。

“在”这个词在其每一变异形中对其所指说的在本身发生的关

系根本不同于语言中其他一切名词和动词对其所指说的在者发生的关系。

由此就可返回去得出结论:关于“在”这个词的已经完成的探讨和其他关于随便什么物件用词语进行的长篇大论比起来都根本是另一回事。如果在此就“在”这个词的情况看来,在词,含义与在本身之间存在着一种原始独特的联系,即仿佛缺少在本身这个东西,那么另一方面我们却不可以认为,只消标出词义就已经可以把在本身的本质好像靠咬文嚼字就得出来了。

在的问题按照进行追问的情况看来始终是和这个词紧密相连的,这是独特情况。对此独特情况经过前述一番考虑之后,我们又抓起我们追问的进程来了。在此需要指明:我们对在的领会有,而且是在怎样的情况下有一种独特的确定性而且是从在那方面来有它的恰如其分的指示。如果我们现在着手一试说在,因为我们总觉而且归根到底是要以一定方式来着手的,那么我们就试着去注意在此说中所说的在本身。我们选用一种简单而常用而且几乎是信口随便的说,这样说时在就被说成一个词形,这个词形又是这样的层出不穷,以至于我们几乎不会注意这回事了。

我们说:“上帝在”。“地球在”。“大厅中在讲演”。“这个男人是(ist)从斯瓦本区来的”。“这个杯子是(ist)银做的”。“农夫在种地”。“这本书是(ist)我的”。“死在等着他”。“左舷外在闪红光”。“俄国在闹饥荒”。“敌人在退却”。“葡萄根瘤蚜在葡萄园肆虐”。“狗在花园里”。“群峰在入静”。

每一例中这个“在(ist)”的意思都不一样。我们可以很容易地证明这一点,特别是如果我们照现实出现的情况来说这个“在

(ist)”,也就是说,随时从一定的境况、一定的作用,一定的情绪来说,而不是作为单纯句子与语法学中已成为陈词滥调的例句来说。

“上帝在”;这就是说,现实当前。“地球在”;这就是说,我们经历了而且认为地球是现存的。“大厅中在讲演”;这就是说,讲演正进行。“这个男人是从斯瓦本区来的”;这就是说,他出生在那儿。“这个杯子是银做的”;这就是说,它产自……。“农夫在种地”;这就是说,他一心种地,他待在那儿。“这本书是我的”;这就是说,它属于我。“死在等着他”;这就是说,垂死。“左舷外在闪红光”;这就是说,代表左边,要左转弯。“狗在花园里”;这就是说,狗闲荡于该处。“群峰在入静”;这就是说,这个“在(ist)”在这首诗中叫做:静现身,静现存,静进行,静待着吗?这一切在此都不合式呀!而这一切却是这同一个简单的“在(ist)”。或者这句诗的意思是说:静支配着群峰,就像在学校的一个班上静支配着一样?也不对。又或许是:静停留于群峰或者弥漫于群峰?这样说已不太离谱,但这样改写也不中肯。

“群峰在入静”;这个“在(ist)”简直无法改写而且却只是这个“在(ist)”!是歌德在伊尔门瑙近郊基克尔汗山上小木屋里窗户柱子上用炭黑笔随兴写到那儿行诗中去的(参看4.9.1831致策尔特尔信)。稀罕的是,我们在此为改写而踌躇犹豫,最后还是只有罢手,并不是因为此一领会太麻烦太困难,而是因为这句诗说得这样简单,比我们不断在日常生活的谈说中不假思索脱口而出的那个常说的“在(ist)”还要简单而单纯。

勿论用一些例子来作的解说搞得怎么样,所演出的对“在(ist)”之说清楚地表明了一件事:在这个“在(ist)”中,这个在以一种纷然杂陈的方式向我们敞开了。那个一碰就提出来的主张:在是一个空洞的词,又重新而且更加恳切地表明是不真。

但是——人们现在会如此反问——这个“在(ist)”当然是以一种纷然杂陈的方式来备用嘛。可是这绝不是“在(ist)”本身中的事,而仅仅是取决于各种说法的形形色色的事情内涵的事;这些说法从内容上分别点出各种不同的在者:上帝,地球,杯子,农夫,书,饥荒,群峰在入静。只因为这个“在(ist)”始终是自在地不确定的而且在其含义中是空的,它才可以备如此纷然杂陈之用而且“随遇而安”地充实自身与确定自身。因此所引用的确定含义之形形色色是证明了所要指明的事情的反面。这些形形色色只是下述情况之最鲜明的证明:这个在必须是不确定的,以便在得可以确定起来。

这是要讲什么问题呀?我们而今达到了一个有决定性的问题的范围:是由于一些话所讲的事情随便赋予这个在的内容而把这个“在(ist)”变成一个形形色色之堆了吗,还是这个“在(ist)”在自身中就包藏着多样货色,根本是这多样货色的皱纹才使我们体会到形形色色的在者如其所在的情况呢?这个问题现在只提出。我们还装备得不足以进一步展开这个问题。目前我们否认不了而且只想指出的是下述情况:这个“在(ist)”在说话中表达出丰富含义的形形色色来。我们总是以丰富含义之一种含义来说这个“在(ist)”,而在这样做时我们却没有,勿论是在事前还是事后,还特地判定“在(ist)”的一个特殊解说或者简直特地考虑这个在。这个“在(ist)”干脆是在说话中意思一会儿是这样一会儿是那样向我们扑来。然则诸含义之形形色色却毫无随心所欲之处。现在我们要来摸清楚这一点。

我们按次序把那些由改写而出现的诸多含义列举出来。这个常被说成"是(ist)"的"在"有这些含义:"现实当前","经常现存","正进行","出生","产","呆","属于","垂","代表","现身","支配着","上任","露面"。要挑出一个共同的含义来作为普遍的类概念而将各种样式的"在(ist)"之诸方式都引入这个概念之下,这仍然是困难的,也许甚至是不可能的,因为本质上就各不相干嘛。然而有一股统一的确定的气贯穿这一切。这股气把对"在"的领会指向一个确定的视野,这一番理解都是从这个视野来满足心愿的。"在"的意义就是以当今与在场、坚持与持久、停留与出现这个圈子来划出自己的界限。

这一切指向我们当初标出希腊对这个在的经验与解说时所碰到的情况的方向。如果我们坚持通用的对不定式的解释,那么"在"这个词就是从指引此一理解的视野之统一性与确定性来获得意义的。简而言之:我们照此办法就是从不定式来理解"在"这个动名词,而这个不定式本身又始终是指着这个"ist",及其所摆出来的形形色色。这个确定的单独动词形"ist"直说式现在单数第三人称,在此有一种优先地位。我们领会"在"时不是眼望着"du bist(你在)","ihr seid(你们在)","ich bin(我在)"或者"sie wären(他们会在)"来领会的,虽然后面这几项也完全和这个"在(ist)"一样是十足的"在"的动词变异形态。我们把"在"算作"ist"的不定式。反过来说我们也不是随随便便,几乎是不这样是不可能的,从"ist"那儿来说明"在"这个不定式。



这样一来,这个"在"就有了那种已经指出的要回顾到希腊人对在的本质的讲法的含义，而这就是一种确定性，这种确定性不是从随便什么地方派给我们的，而是自古以来就支配着我们的历史的此在的。我们本来是在争取把“在”的词义确定地讲明为它所是的情况，此一争取现在一下子就变成要对我们的隐蔽着的历史进行一番思考了。这个在怎么样呀？这个问题现在就不得不保藏在在的历史中，以便让这个问题展开并保持它自身的历史广度。在此情况下我们就把自身又保持在说在这回事上。

# Ⅳ. 对在的限制

就如我们在“是”这个词身上见到一种完全熟悉的说在的方式一样，我们在指称“在”这个名字的时候就碰上一些完全确定的已经公式化了的说法：在与形成（Werden）；在与表象（Schein）；在与思；在与应当（Sollen）。

当我们说“在”时，我们差不多就像在强制之下那样被驱使去说，在与……。这个“与”的意思不只是说，我们顺便附加了一点东西上去，而且是说我们把“在”与之有别的这样的东西说出来加上去：在与不……。但是我们在这几个公式化了的名称中同时就附带意指着作为和在有区别而又不管怎么样却特地属于在、即使只是作为它的异物而属于在的这样的东西。

迄今我们追问的进程不仅是把它的范围指明了。诚然我们暂时只是把这个问题本身，形－而上－学的根本问题，听清楚了，就像接受了随便什么地方向我们传来和提供来的东西一样。然而这个问题显而易见曾把其可得而追问的情况向我们摊出来了。这个问题现在越来越清楚地显示为我们的历史的此在之一个隐蔽着的根源。即使我们对这个根源就像对一个浮盖上盖子的深渊一样自足满意而扰攘不休地置之不顾，也在这种情况而且恰恰在这种情况下那个根源仍然起根源的作用。

现在我们来追究在对其他事物的不同之处。在作此追究时我们却应懂得，这个在在我们这儿一反众所周知的意见，不管是什么，总之绝不是一个空洞的词，倒是如此多方面地确定，以至于我们摸不着头脑如何去把此确定性饱满地抓起来。然而这还不够。还须把上述应懂得的情况明确成为我们将来的历史的此在之一基本经验。现在指出下列这些瞄准点，以便我们从一开始就以正确的方式来共同贯彻在对其他事物都不同的作用：

1.这个在被对其他事物划定界限因而在这个界限之内已经有了确定性。

2.这个界限是在四个相互有关的方面中划定的。据此情况，这个在的确定性就必定或是分岔和上升，或是下降。

3.这种区分绝无偶然之处。所有被此区分保持在一个被分成的范围中的事物，都原始地作为相需相属而挤在一起。所以此种划分有一种独特的必然性。

4.这种乍一看来像是公式化了的对立因而也不是在随便的场合中出现而仿佛像谈话方式进入语言中。这种对立是在与在的印痕紧密联系的情况中出现的；这样的在的敞开状态就对西方历史起过规范作用。在的敞开状态和对哲学的追问的开端一同开始。

5.这种区分不只是在西方哲学范围之内始终起支配作用。它贯彻在一切知，一切行与一切说中，连它不被特意说出或不是以这套话来说出之外也起贯彻作用。

6.列举出来的这些名称之序列次序已经指点出其本质联系之次序及其印痕之历史顺序。

首先提到的两种区分（在与形成，在与表象）在希腊哲学开始

时即已形成。此两项区分作为最古老的也是最流行的。

第三种区分(在与思),勾出轮廓时并不晚于前两种,是由柏拉图与亚里士多德哲学展开出来起标准作用。但第三种区分是在近代开始时才获得其本真形态。它甚至在此开始阶段一同起着本质性的作用。第三种区分就其与历史相适应来说是最紊乱的,就其目的来说是最成问题的(因此它始终是我们最需要追问的)。

第四种区分(在与应当)在遥远的往昔只是由于将 ὄν(在者)标明为 ἀγαθόν(善)而有萌芽状态,然则此区分却完全属于近代。第四种区分自十八世纪末叶以来也规定着近代精神对在者这个东西的主导立场中的一种立场。

7. 对在的问题的原始追问如果已经理解了把在的本质的真理展开出来的此一任务,那就必须把自身摆到隐藏在这些区分中的力量中去以求取决定作用并把此一任务放还到它固有的真理中去。

这一切预先讲明的情况都要在往后的考虑中不断保留在视线中。

## 1. 在与形成

如此分开而对立出现在开始追问在的时期。此一分立在今天也还是最流行的靠他者来对在加以限制的办法;因此此一办法是直接从一种对在的已僵化为不言自明的想法来使人明白的。将形成的,还不在。正在着的,用不着再去形成了。正“在着”的,即在者,如果说根本曾能形成而且已形成了的话,也已经将一切形成之事抛到后面了。在本真意义上的“存着”者,也违抗着一切形成之威逼。

时代是在公元前6世纪至5世纪之交的巴门尼德看得很远而且就是适应着此任务已经诗意地思着把在者的在掏出来摆在与形成对立的地位了。他的《说教诗》只剩残篇，然而重大内容都流传下来了。现在此只引一些诗句(残篇Ⅷ，1－6)：

*μόνος δ'ἔτι μῦθος ὁδοῖο/λείπεται ὡs ἔστιν · ταύτηι δ'ἐπὶ σήματ'ἔασι/πολλὰ μάλ', ὡs ἀγένητον ἐὸν καὶ ἀνώλεθρόν ἐστιν, ἔστι γὰρ οὐλομελές τε καὶ ἀτρεμὲs ἠδ' ἀτέλεστον, οὐδέ ποτ'ἦν οὐδ' ἔσται, ἐπεὶ νῦν ἔσπιν ὁμοῦ πᾶν, /ἕν, συνεχές. /*

"所以还只剩下一条途径可说，
(在此途径上敞开着)：为的是在。在这条途径上有许多
　　标志表明，
在不是产生出来的也不会消灭，
完整，惟一，
不动，无限。
它没有过去和未来，
因为它整个在现在，统一完整，
自足常住(充实于当今)。"

这几行不多的字摆在这里像古代希腊雕像。我们从巴门尼德的说教诗中还拿得到的东西，不过汇为一本小册子，但这个小册子当然斥责所有的哲学文献图书馆还自以为它们的存在是必需的哩。谁吃透了如此思着的说的精神，就不得不以今天的人的身份失去一切兴趣去写书。

此一从在中说出来的叫做 σήματα，不是在的信号，不是一些谓语，而是直窥这个在而从其中表现出来的在本身。在如此直窥这个在的时候，我们就是必须把一切产生与消失等等视而不见，从积极的意义去勿视：视而不见，撇开。凡是用 ά- 与 οὐδέ 去否掉的东西，都是不合在的分寸的。在的分寸是另外一回事。

我们从上述一切得出结论：在经此一说而表现为独特的自足精纯的常住，与纷扰与交换无涉。就在今天人们还在叙述西方哲学的开端时总把赫拉克利特的学说提出与巴门尼德的此一学说对立。一句常引用的话：πάντα ῥεῖ，一切都在河中流着，就出自赫拉克利特。据此则根本没有在。一切皆“在”形成。

人们觉得这里是在，这里是形成的这样一种对立之出现是正常的，因为这就已经可以证实从哲学开端以来就应当贯彻在整个哲学史过程中的一件事就是：凡是一个哲学家说 A 之处，另一个哲学家就说 B，而后一个哲学家却说 A 时，那么前一个哲学家就说 B。至于如果倒确证了，在哲学史上所有的思想家从根本上说出来的都是同一回事，那么此见对日常理解力又是一种生疏的过分要求了。如果所有的哲学家说的都是同一回事的话，那么还要这部纷然杂陈的西方哲学史来干什么呢？那么**一个**哲学就够了。一切都总是已经说了嘛。但是每天如此在的东西，总在得如它的第一天一样，其永不枯竭的财富，正是哲学家说的“同一回事”取为内在真理者。

人们总把形成的学说划归赫拉克利特而认为是和巴门尼德尖锐对立的！其实赫拉克利特是和巴门尼德说同一回事。如果赫拉克利特说的不是同一回事，那么他就不会是伟大的希腊人中最伟大者之一了。不过人们不可以把他的形成学说按照 19 世纪的一个达尔文主义者的想法来解释。当然后世对在与形成的对立之陈述从未再像巴门尼德之说中那样悠然自得。在巴门尼德的伟大时代,对在者的在之说就在其自己本身中拥有在的(隐蔽的)本质,而在就是赖此本质来说。伟大之秘密就寓于如此历史的必然中。由于下文将讲清楚的理由,我们把最初分开“在与形成”的讨论暂只限于上述指点范围之内。

## 2. 在与表象

此一划分与前一划分同样古老。两套划分(在与形成,在与表象)之同样原始就点出一种更深的联系,此一联系直到今天犹未大白于天下。第二套划分(在与表象)迄今还未能重新展开其真实内涵。为此就需要,原始地,也就是说用希腊方式,来理解它。这样做,对我们这些受着近代认识论之害的人说来,对我们这些对本质深义之简略情况殊难作出反应而且简直多半作不出反应的人说来,并不容易。

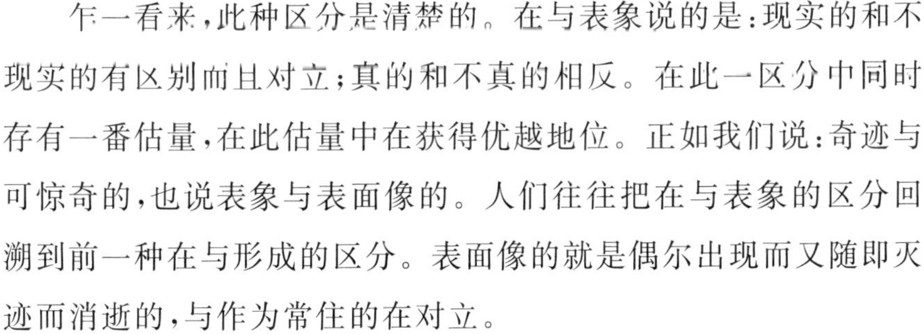

乍一看来,此种区分是清楚的。在与表象说的是:现实的和不现实的有区别而且对立;真的和不真的相反。在此一区分中同时存有一番估量,在此估量中在获得优越地位。正如我们说:奇迹与可惊奇的,也说表象与表面像的。人们往往把在与表象的区分回溯到前一种在与形成的区分。表面像的就是偶尔出现而又随即灭迹而消逝的,与作为常住的在对立。

在与表象的区分对我们是熟悉的,也如一块已磨光的硬币,我们在平淡的日常生活中把它看都不看递来递去。在起好作用的时候,我们就把此一区分用作一种道德教训与生活规范,要避免表象而代之以争取在:“在比表现多。”

然而在公认为这个区别是不言而喻而且熟悉的同时,我们并不懂得,到底是在怎样的情况之下恰恰是在与表象原始地分开来的。总之就是分开来了,此点是由一种互相归属的情况来指明的。此互相归属情况何在?这就须先来理解在与表象之隐蔽的统一。我们现在再也懂不了此互相归属情况了,因为我们已经从自始就是历史地成长起来的此一区别中滑出来了,而且现在只把它还作为一点勿论何时何地一度被摆入流传中的东西往后传下去。

为要理解此一划分,我们在此也必须回到开端处去。

如果我们居然及时从没头没脑与废话中摆脱出来,我们已能在我们自己身上还找到一条到达理解此区别之境的踪迹。我们说“表象”而且认得雨和阳光。太阳发光。我们讲故事:“这间小屋当时由一支烛光照得亮亮的。”日耳曼口语有“发光木头”这样的话,就是指在黑暗下来时会照亮的木头。我们从关于圣徒的叙说中知道圣像光轮,就是绕着圣像头的光环。我们也知道伪君子,就是外貌像君子,其实不是这回事的人。我们碰着佯动,就是气势汹汹实不敢为的动作。当太阳发光,似乎绕着地球转动的时候,太阳就表现自身。发光的月亮直径是两英尺,只是看起来是这样,只是一个表象。我们在此碰到表象(Schein)与发光(scheinen)两种事物。* 但此两种



* 译者注:此句中表象与发光二者的德文原文为 Schein 与 scheinen。在此段上文中,“阳光”的“光”,“烛光”的“光”,“发光木头”的“发光”,“圣像光轮”的“光轮”,“伪君子”的“伪”,“佯动”的“佯”,都是用 Schein 这个字拼缀成的;“太阳发光”的“发光”,“太阳表现自身”的“表现”,“看起来是这样”的“看起来是”,都是用 scheinen 这个字变格写成的。这些原文说明两字相融而又变异的情况,在德文中看得很清楚,而译成中文就无法表达出来,故注明于此。

事物并非简单平列,而乃一种是另一种的变种。例如太阳只是因为它发光,亦即照亮与在光亮中出现,这就是说显露出来,它才能自有围绕地球转动的表象。我们在太阳的发光作为光亮与照射中当然同时经验到热的照射。太阳发光:它表现自身,而且它变热了。光的表象就以光辉之身价在圣像光轮中把带此光轮者显露为圣者了。

仔细看来我们就找得出表象的三种方式:1.作为光辉与光亮的表象;2.作为有什么东西出现与显露的表象与表现;3.作为有什么东西作出来的外表与假象。同时显而易见:在第二项中提到的"表现",即展示自身意义下的出现,既适用于作为光辉的表象,也适用于作为假象的表象,不过为此假象不是作为随便一种特性,而是作为可能成此特性的根据。表象的本质寓于出现中。这就是展示自身,陈现自身,露出,当前。久候未见的书现在出现了,也就是说,出版了,垂手可得了。如果我们说:月明,那么这不只是说:月散发一个表象,散发一股光亮;而是说:月在天上,月在场,月在。说星亮就是说:众星亮亮地在场。表象在此就和在是同一回事。[古希腊女诗人萨福的诗句:ἄστερες μὲν ἀμφὶ κάλαν σελάνναν(月儿真普照)……与18世纪德国诗人M.克劳狄乌斯的诗:《摇篮曲月下吟》都给我们美妙的依据来深思在与表象。]

如果我们注意上述情况,我们就抓得住在与表象之内在联系。但只有当我们相应地把这个"在"原始地,也就是说,从希腊文去领会了的时候,我们才完全掌握得住此内在联系。我们知道:在敞开于希腊人面前是作为 φύσις。此一展开而又留恋着的起作用,其本身同时就是表现着的出现。φυ-与 φα-两个字根指称的就是同一回事。φύειν，此一悠然自得的展开就是 φαίνεσθαι，就是亮起来，展示自身，出现。由上所述就在之一些特点多半是用列举方式提示给我们的，还有对巴门尼德的提示所启发我们的，所有这些都已经帮助我们对这个在的希腊文字根有一定的理解了。

把在这个词的指称力量还从希腊人的伟大诗篇中展示出来，会是很有教益的。在此只需指出：例如古希腊写合唱琴歌的诗人品达罗斯就认为这个 φυά就构成此在之基本规定：τὸ δὲ φυᾶ κράτιστον ἅπαν. 凡是由 φυά而且通过 φυά在起来的，就是彻头彻尾最强有力的（奥林匹亚竞技胜利者颂Ⅸ，100）；φυά就是指那个已经原始地而且本真地在起来的；指这个已经在起来者以区别于往后勉强装腔作势硬造出来的拙劣货色。这个在是崇高贵族的基本规定（也就是说，是有而且生长于高贵出身者的基本规定）。联系此处，品达罗斯还加了一句话：γένοἰ οἷος ἐσσὶ μαθών。（皮托竞技胜利者颂Ⅱ，72）“当你勤学的时候，你就可以显露成为你现在这样的人。”但在希腊人的理解中，自处就无异于是说处一此，处一于一光明中。在的意思就是出现。此意却不是指事后才偶尔追加给在的事。在就活生生地作为出现而在。

按照一般传开来的关于希腊哲学的想法，希腊哲学是已“现实主义地”教人有一个自在的客观的在以区别于近代主观主义的；现在看来，这个一般传开的关于希腊哲学的想法实如空虚的构想而被拆穿了。此一流行的想法源出于理解之肤浅。我们必须把“主观的”与“客观的”，“唯实论的”与“唯心论的”这些名称抛在一边。

然而现在才该做的事情是，以对希腊人所认为的在掌握得较相称了的结果为依据来做决定性的一步，这一步就把在与表象之间的内在联系展示于我们之前。现在该让我们洞察此一联系，这个联系原始地而且惟一地是由希腊人见到的，但这个联系却为西方精神招致奇特的后果。在活生生地作为 φύσις 而在。这个展开着的起作用就是出现。如此出现导致显露。在这回事中已经有：这个在，这个出现，让从隐蔽状态中露出来。当在者作为这样一个在者在起来时，这个在者就把自身摆入并处于去蔽状态中，就是 ἀλήθεια（真理）中。我们把这个词漫不经心地翻译为，同时也就是说，误解为"真理"。固然人们现在渐渐开始想把 ἀλήθεια 这个希腊词按字义译出。但是如果人们经此努力马上又以完全非希腊人的用意去理解"真理"还把此意硬加给这个希腊词，那么此番努力用处不大。因为希腊文的真理的本质只有与希腊文的在的本质合而为一才可能成为 φύσις。以 φύσις 与 ἀλήθεια 之间的这种特殊的本质联系为依据希腊人才能说：在者作为在者而真。真者作为真者而在。这些话的意思是想说：起作用的表现自身者停留在去蔽者中。去蔽者作为去蔽者来到表现自身这回事中停留。真理作为去蔽境界，不是在的额外附加物。

真理属于在的本质。在者在——在这回事中有：显露出来，出现，站出来，把东西摆出来。反之不在的意思是说：从现象，从在场退出来。在现象的本质中有出现与退出，有真正指示意义之下的来与往。于是在就散落在形形色色的在者中。这个形形色色的在者把自己扩散为这里那里切近的东西与当前的东西。它作为出现者给自己一个外貌，δοκεῖ。Δόξα 的意思是外貌，就是一个人处于其中的外貌。在这个外貌按照在此人身上展开的情况是一个出色的外貌时，δόξα 就意味着光辉与荣誉。在古希腊神学中与新的圣经中的 δόξα θεοῦ，gloria Dei 就是神的崇高。指点出赞誉与尊敬，在希腊人那里就叫做：摆入光明中从而促成常住，促成在。在希腊人时代，荣誉根本不是一个人获得它或者得不到它的事；荣誉是最高的在的方式。在今天的人眼里，荣誉早已只是出点名而已而且如此出名已成非常可疑的事了，已是一种能过报纸广播这样吹吹那样吹吹分摊出去的收获——几乎是在的反面了。如果在品达罗斯眼里赞誉构成诗作的本质而且作诗就是：摆入光明中，那么这绝不是与他认为光明的想法起一种特殊作用有关，而仅仅是与下述情况有关：他作为希腊人运思与写诗，这就是说，他处于恰如其分的在之本质中。

前述者须已表明：在希腊人眼里出现却属于以及如何属于在，说尖锐一些：这个在却在出现中以及如何在出现中附带有其本质。此点已在像希腊人所造型的那样的人的在之最高可能性上，在荣誉和赞誉这回事上讲清楚了。荣誉叫做 δόξα。Δοκέω 叫做：我表现我自己，出现，进入光明。在此较多是从看与见来体会到的一个人拥有的外貌，另一个讲荣誉的希腊字 κλέος 就更多是从听与呼来掌握了。这样荣誉就是一个人拥有的名声。赫拉克利特说（残篇 29）：αἱρεῦνται γὰρ ἓν ἀντὶ ἁπάντων οἱ ἄριστοι，κλέος ἀέναον θνητῶν，οἱ δὲ πολλοὶ κεκόρηνται ὅκωσπερ κτήνεα，“最优秀的人宁愿取一件东西而不要其他的一切；宁取永恒的光荣而不要变灭的事物。可是多数人却在像牲畜一样狼吞虎咽”。

然而畅述上述一切之后犹有一点未尽之意，这点未尽之意就把事情真相的丰富内容展示出来了。Δόξα 是人处于其中的外貌，更广义一些就是每一在者都既隐藏又显露于其外观（εἶδος，ἰδέα）中的外貌。一个城市显示一个雄伟的景观。一个在者本身具有因而才可以从本身显示出来的外观，总是可以随时从这个或那个着眼点出发来被接受的。与观点之不同相适应，显示出来的外观随之而异。因而外观总是我们在其显示时取而得出的这样一个外观。在经验并操纵在者时，我们就不断从其外貌为我们形成一些外观。而出现这些情况的时候，往往我们根本还没有把事情本身看准确呢。我们是从随便什么样的一些途径以及随便什么样的一些理由达到关于事情的一种外观的。我们形成了关于此事的一种意见。此时可能有这样的事：我们所择取的外观看法在这件事情中根本是站不住脚的。那么这个外观看法只不过是一种看法，一种设想。我们设想一件事这样或这样。那么只是我们认为而已。设想在希腊文中叫做 δέχεσθαι。（设想总是和现象所供应的纠缠在一起。）δόξα 作为这样或这样设想出来的就是意见。

现在我们到达我们曾求达到之处。因为这个在，φύσις，经受得住出现，经受得住显示外貌与外观，所以这个在按其本质因而就必然而且常以处于显出外貌的可能性中，此外貌却恰恰把在者在真理中，也就是说在无蔽状态中的那种情况掩盖与隐蔽起来。在者现在进入其中的这个外貌，就是假象意义之下的表象。凡是有在者的无蔽状态之处，总有表象之可能性而且反过来：凡是在者处

于表象中而且在其中长久安然有着之处，表象可能破灭。

用 δόξα 这个名称来称呼五花八门的内容：1. 作为荣誉的外貌，2. 作为某物显示的朴实外观的这种外貌，3. 这样的外貌，只是如此外观而已，只不过是假象的“表象”，4. 外观看法，是一个人自己形成的，也就是意见。语词之如此多义并非语言之不严谨，而是一种把在之诸基本特征保持在语词中的伟大语言之娴熟智慧范围之内的深有根据的表演。为了在此劈头就把事情看得对，我们必须防止把表象干脆认为而且硬算是只是“想象出来的”，“主观的”。倒是要承认：就像表现这回事属于在者本身一样，表象也属于在者。

让我们来想着太阳。我们看见太阳每天有起有落。只有极少数的天文学家，物理学家，哲学家——而这些人也只是根据一种特殊的、多少是流传的想法——直接懂得此一事实真相不是这样，而是地球围绕太阳转动。然而太阳和地球处于其中的表象，例如清晨风光，黄昏海面，夜色，都是一番表现。此表象并非虚无。此表象也非不真。此表象也不仅仅是自然界中根本另外形成的一些情况的现象。此表象是历史地而且就是历史，被发现与被建立在诗歌与传说中，因而是我们的世界之一本质性的范围。

只有穷途末路的自作聪明才想着对此表象之历史力量作这样的处理，就是把此表象宣告为“主观的”，而且此其“主观性”的本质是某种极其有问题的东西。希腊人当时全不是这样想的。希腊人无时无刻都不得不把这个在才从此表象中取出来并保持其不同于此表象。（这个在活生生地从无蔽状态在出来。）

仅仅是从在与表象之间存在着的斗争中希腊人把在从在者身

上取出来了，希腊人把在者放入常住状态中与无蔽状态中了：诸神与国家，神庙与悲剧，竞赛与哲学；而所有这一切都在表象中，被表象所环视，但也认真对待表象，对表象的力量亦知情。在诡辩派与柏拉图哲学中表象才被解释成单纯的表象从而降低了。和表象一起，在作为 ἰδέα（理念）被提升到一个超感觉的去处。在尘世只是看来像是的在者和上天不知在何处的现实的在之间，划出裂缝，χωρισμός。于是基督教的教义就移居在此裂缝中同时把尘世者说成是造物并把上天者说成是造物主，然后就用此改铸过的武器来反对古代的非基督徒并阻挡他们。所以尼采说得很对：基督教就是为人民的柏拉图主义。

反之希腊人的此在之伟大时代是在与表象两种力量纠缠不清的对台戏中惟一无二的有创造性的自我保持状态。（关于人的此在，作为人的此在的在，无蔽意义的真理与即为掩蔽的非真理，关于此数者之间的原始的本质联系，请参阅《存在与时间》第 44 节与第 68 节。）

在早期希腊思想家的思中在与表象的统一和冲突本来强有力。可是这一切在希腊悲剧诗歌中表现得最高与最纯。请看索福克勒斯的《奥狄浦斯王》。奥狄浦斯，起初是国家的救主与君王，在荣耀的光辉中与神灵的庇护下，就从这个表象中，而此表象却不单纯是奥狄浦斯对自己本身的主观看法，而乃他的此在表现于其中之事，他就从此表象中被抛掷出来，以至于出现了他作为弑父娶母的在之无蔽状态。这条从那个光辉的起头到达这个令人毛骨悚然的结局的道路是惟一无二的表象（隐蔽与假象）与无蔽（在）之间的斗争。围绕全城邦停留着刺杀前王拉伊奥斯的凶手的隐蔽之事。

奥狄浦斯带着处于光辉的公开状态而且身为希腊人的激情径行揭露此一隐蔽之事。奥狄浦斯就这样一步一步把自身摆入无蔽状态中，最后他只有这样来承担此一处境：他自行戳坏眼睛，也就是使自身走出光明，进入黑夜并以不能见物的人的身份大叫打开大门，让百姓看清像他现在这样一个人。

但是我们不可只把奥狄浦斯看成完蛋的人，我们必须在奥狄浦斯身上理解到希腊人的此在之那一形象，在此一形象中希腊人的根本热情勇于深入最远与荒漠无边之处，也就是揭露在的热情，也就是为这个在本身而奋斗。惠尔德林在其《闪耀于迷人的蓝天》这首诗中颇有见地地说："奥狄浦斯王也许多了一只眼睛。"这多的一只眼睛乃是一切伟大的问知的基本条件，又是其惟一的形而上学根据。希腊人的知与学就是这种热情。

如果我们今天要求科学要为人民服务，这诚然是一个必要而且值得注意的要求，但仅此就还把本真的事情要求得太少甚至未要求。在者变形为此在的公开状态时所内藏的意志意愿得更多。为了获致科学的，也就是说首先是原始的知的变化，我们的此在就需要一种完全不同的形而上学思想深度。此在这才又需要对在者的在整体一种外加的而且真正建立起来的根本关系。

我们今天的人对叫做在、叫做真理、叫做表象的一切的关系自很久以来就已混乱不堪，无根无底以及没有热情到这样的地步，竟至于我们在解释与继承希腊诗歌时对在希腊的此在本身中的此种诗意的说之力量也在心中只有很少的一点数了。我们多承卡尔·莱恩哈特提供的最新的索福克勒斯注释(1933)之所以根本对希腊人的此在与在比迄今一切人的尝试都切近得多，就因为莱恩哈特是从对在,对无蔽境界,对表象的诸关系中去查看与追寻悲剧剧情。尽管也还常有近代主观主义与心理主义混进来起作用,总之把《奥狄浦斯王》解释为“表象的悲剧”却是一个伟大的成就。

我现在把希腊人讲的在与表象之间的斗争带有诗意色彩这个话题用索福克勒斯的《奥狄浦斯王》中的一段引文来打断,这段引文给我们机会,去完全不受强制地建立与我们暂时称为常住状态意义之下的希腊人的在的联系和与现在已经讲清楚了的称为表现的在的联系。

从悲剧的最后一首合唱诗(见1189页以下)中引的几句诗如下:

“τὶς γὰρ τίς ἀνὴρ πλέον
τᾶς εὐδαιμονίας φέρει
ἤ τοσοῦτον ὅσον δοκεῖν
καὶ δόξαντ᾽ ἀποκλῖναι;
究竟是谁,是什么人要为
安顿好的此在增添成色
因为他已处于表象中了,
还要作为一个表现者去扭转形象吗?
(就是从正处此自身中扭转)”

过去在弄清楚不定式的本质的时候曾谈到过表述 ἔγκλισις,即表述变形,变格的这样一些词。现在我们看到:表现作为在之一变种就和变格一样。表现就是正处此自身中意义之下的在之一变种。在的两种变异都是从作为处于光明中的常住状态的在中,也就是从作为现象的常住状态的在中得到规定的。

现在就一定更清楚了：表象就属于作为现象的在本身。作为表象的在之强有力并不比作为无蔽境界的在差。表象就在在者本身中和在者本身一同出现。但是表象不仅使在者现象为在者本来不是这样的一个在者，表象不仅伪装了它自己就是其表象的这个在者，而且表象在这样做时还作为表象掩盖着自己本身，因为它此时正展示自身成为在。因为表象根本就是这样把自己本身硬放在掩盖与伪装中，所以我们说得很对：表象行骗。此一骗就寄于表象自己身上。就只因为表象自己行骗，它才能骗人并如此这般把人搞得糊里糊涂。但此自己都糊里糊涂只不过是人活动于在、无蔽境界、表象三者交织的世界中的许多方式之一种方式。

犹如对展示在在、无蔽境界与表象的交织状态中的空间，我就理解为迷误。表象、欺骗、糊涂、迷误都处于一定的本质出现关系中，这些关系自很久以来就由心理学和认识论使我们弄不清楚了，因而我们在日常此在中就几乎不能以相应的透视眼光来把这些关系经历与承认为力量了。



我们曾极力要洞察清楚：不仅无蔽境界意义下的真理，而且作为正在展示自身的一定方式的表象，都如何以希腊人把在解释为 φύσις 作根据就必然是属于在的。

因为在和表象相依为命而且作为相依为命者总在一起而且在此总在一起中总又引起彼此交错，因而总又引起老是乱作一团而且由此老是乱作一团总又引起可能迷误和搞错，所以在哲学开端的时候，也就是说在在者的在最初展开的时候，思之首要追求之事就是要安顿好在总要在表象中这回事，要把在和表象区别开。这样做时又要求，把作为无蔽境界的真理对比着隐蔽状态摆到优先地位，把恬然澄明对比看成为掩盖与伪装的隐蔽摆到优先地位。但是当我们必须把在对比其他事物区别清楚而且把在明确为φύσις时，在与不在的区别就显而易见了，但是同时不在与表象的区别也显而易见了。两套区分并不是一而二，二而一的。

因为在、无蔽境界、表象、不在四者是处于这样的一些关系中，所以由于人处于展开着的在正当中而且总是由此处境来如此这般对待在者，对这样的人就有三条路是必然的。如果人要在在之光亮中接受其此在，那么人就必须使其此在坚定下来，他的此在就必须坚持在表象中又反对着表象，必须同时使表象与在都不致陷入不在之深渊。

人必须区分这三条路并且相应地归属于它们又反对着它们作出决定。这三条路之展开与开辟就是哲学开端时思之事。此一区分把人作为一个知者摆入此三条路中，摆到三条路的交叉口，从而摆入持续决定中。历史根本就是从此持续决定开始。在此持续决定中而且只有在此持续决定中甚至关于诸神的事也才被决定。（据此看来决定在此的意思就不是指判断与选择，而是指在上述在、无蔽、表象、不在之合中进行分解。）



巴门尼德哲学是给我们在前已提过的说教诗中流传下来的最早的开辟三条路的典范。我们靠引录说教诗的一些残篇来标明这三条路。在此加以充分解释则不可能。

残篇 4 的译文如下：

> “来吧！我告诉你，你要谛听我（下述）的话，
>
> 哪些路作为一种追问的一些路子是可以设想的呢。

第一条是:(在着的这个在)如何在,而这个不在又如何不可能(在)。

这是确信的途径,因为它追踪无蔽境界。

另一条则是:它如何不在而不在又如何必然。

这一条路,我告诉你,是不当考虑的一条小路,

你既不能认清不在,因为它无法被摆出来,

你也不能把它说出来。”

在此当下就摆着两条尖锐对立的道路:

1.引向在之路;这是同时引入无蔽境界之路。此路是无可避免的。

2.引向不在之路;这诚然是不能行走的,但此路恰恰因此而作为一条不能行走的路被提升入知中,即正是鉴于它引入不在中而须被知。残篇同时给了我们关于下述情况的最古老哲学证件:不在之路必须特别和在之路合在一起来被思考,因而如果我由于总说无显然不在就不理睬无,这却是追问在的问题之一大失误。(至于无根本不是什么在者,这并不排斥无以其方式而属于在。)

然而在细想上述两条道路时,此其分野又还包含一条第三条路,此第三条路以一种特殊方式亦与第一条路对立。此第三条看着好像第一条路,但却不引向在。于是这第三条路唤起此一外貌,仿佛它也只是一条引向在无的意义之下的不在之路。

残篇 6 一下子让在残篇 4 中指出来的引向在和引入无中的两条道路硬碰硬对立着。但同时又指出一条第三道路来和不能走入无中因而没有望头的第二条路对立着。

“不能不既这样说又这样听:在者在其在中;

这就是说在者有在;不在则无'在';这就是我教你牢记在心的。
你首须避开这一条追问途径。
然后你还要避开另一途径,在这条路上无知的凡人两头彷徨;由于无计可施
摇摆不定的念头进入胸中,
人们麻木不仁而盲目,无所适从;成为无判断力的群氓,
认为现成者与非现成者同一又不相同,认为一切都在相反方向中行动。"

现在指出来的路是在表象意义之下的 δόξα 之路。在这条路上在者看起来一会儿是这样一会儿又是别样。总之在此只是看法算数。人们从此一看法引入另一看法引去引来。于是人们就把在和表象混淆不清。

此路不断被行走,以致人们完全迷失在其上了。

正因如此更加需要把此路作为这样的路知道清楚,以便在将自身在表象中并与表象相对着显现出来。

依照上述我们就可在残篇Ⅰ,28—32中见到提示此第三条路及将其归入第一条路之文:

"……但(今踏上引向在之路的你)也需要经验一切:
既要经验圆满真理的不可动摇的心,
又要经验不含任何可靠真理的凡人看法。
但在照顾两面时你仍然还要懂得,表象者如保持其状,
照顾着表象而(按它自己的方式)贯彻一切,共同完成一一切。"

第三条路就是表象之路，其情况是，表象在这条路上就作为属于在而被经验到。上面引的这些话对希腊人曾有一种原始说服力。在和真理都是从 φύδις 中汲取其本质。表象者之展示自身直接属于在而且也又(归根到底还是)不属于在。因此表象这回事不得不同时被摆出来作为单纯的表象而且此事总不得不一再重复。

这条三岔路给出这条内部统一的指示：

"引向在之路是躲也躲不开的。
引向无之路是走不通的。
引向表象之路是一直走得通而且走着的，
但可以绕路。"

因此真正有知的人不是盲目追随一个真理的那个人，而只是经常知道所有三条路，即在之路、不在之路与表象之路的那个人。优越的知，而每一知都优越，只被赋予这个人，此人在在之路上经历过狂飙，此人对第二条引向无之深渊的路亦不陌生，亦知情，然而此人承担了第三条路，表象之路，作为经常需要。

属于此知的有希腊人在其伟大时代所谓的 τόλμα：胆敢把在、不在、表象合而为一，这就是说，敢使此在进入在、不在、表象的决断中。就是从这样引向在的基本态势中希腊最伟大的诗人中的一位，品达(罗斯)说(涅墨亚竞技胜利者颂Ⅲ，70)：ἐν δὲ πείρᾳ πέλος διαφαίνεται：完成的事在胆敢在在者中间尝试中显露出来，把进入静止状态的东西划上界限，这就是：在。

在此是从前已引过的赫拉克利特关于 πόλεμος(战争)的讲话亮出来的同样的基本态势在讲话。战争，就是说，不只是争吵，而乃是好斗的战斗使本质的和非本质的，使高尚的和低下的有了界限并使其显露出来。

令人赞赏无穷的不仅是此一引向在的基本态势之胜任可靠，而且还有此一基本态势在语言文字与在外物世界形成的丰富宝藏。

我们对弄清楚的对立情况，也就是说，对在与表象之统一，用赫拉克利特的一句话来作结论（残篇 D123）：φύσις κρύπτεσθαι φιλεῖ：在（升起的现象）喜欢隐蔽自身。因为在就叫做：升起的现象，从隐蔽中现出来，因此隐蔽状态，从隐蔽中出身，都是本质上属于在的事。这样的出身就寄存于在之本质，如此这般现象者之本质中。无论是在大力掩盖与隐瞒中也好，或是在干脆伪装与矫饰中也好，总之这个在总喜欢回归这个出身。φύσις（在）与 κρύπτεσθαι（隐蔽）之如此靠近就透露出在和表象之既相抗而又密切合一。

如果我们把“在和表象”这个公式化了的名称从最初由希腊人作出的区分之没有减弱的力量中来理解一番，那么不仅在和表象相对并与之区别出来的情况就可以理解，而且此一区分对“在和形成”的区分的内在相属关系也可以理解了。在形成中的东西，一方面已不是无了，但也还不是被规定要在的东西。按照此“已不而又还不”的情况形成就还一直被不在贯彻着。然而这又不是纯粹的无了，而乃不再是这个而又还不是那个并且要作为其中某一个就总又是一个别的东西了。因此这就看起来一会是这样，一会又是那样。这就总是给人不一定的印象。这样看来，形成就是在之一个表象。

由此可见形成在一开始推断在者的在的时候就必须和表象一

样要和在对比起来看。另一方面形成作为“升起”却又属于 φύσις。如果我们把二者照希腊人那样来理解，形成就是进入在场状态又从此状态离去，在就是升起的现象的在场，不在就是不在场，那么这个升起与下落的交互关系就是现象，就是这个在本身。就像形成就是在之表象一样，正在现象的表象就是在之一次形成。

由此我们已可看出，把在和表象的区分回顾到在和形成的区分上去或反之，都不是一定中肯。因此追究两种区分的关系的问题暂时还得置之不问。对这个问题的回答取决于对在者的在活跃在何处这个问题的解答之原始性、广度与深度。其实哲学在开头的时候也并没有钉死在几条命题上。倒是历史上后来对哲学的叙述挑起了这种印象。这些叙述就是搜集整理式的，也就是说，是对一些伟大思想家的意见与看法的描述。但是谁去追查与搜索这些伟大思想家的各种看法与观点，那就靠得住，在他还没有搞出名堂来，也就是为一份哲学搞出公式或招牌来之前，就已经抓不准与走错路了。希腊人的思与此在就是为在在和形成与在和表象这两大力量之间作出决断而斗争。此一斗争不得不把思和在的关系发展成一个确定的形态。在此过程中就有此情况：在希腊人中第三套区分的安排也已经准备好了。

### 3. 在与思

过去总有多次机会指出过“在和思”的区分在西方的此在中举足轻重的统治地位。此区分的优先统治地位必定在其本质中有根据，在其赖以从前述两种区分中，但也从后述第四种区分中突出出来的那回事中有根据。因此我们打算一开始就指出它的特点来。

我们先把此一区分拿来和前面已经讨论过的两种区分比较比较。在两种区分中都是从在者本身中出现和在有区别的事物在我们面前。我们就在在者的范围内发现它。不仅形成,而且表象也是在在者本身中和我们照面(比如有起有落的太阳,棍子插入水中,现象为折断,还有许多此类事物)。形成和表象仿佛和在者的在处于同一平面上。

反之在在和思的区分中现在是与在对立而有区别的东西却是思。思不仅在内容上比形成和表象是另一回事,而且对立的方向也是一种本质上不同的方向。思和在对立的情况是这样:在被呈现在思面前从而像一个对象对立着。这样的情况在前述两种区分中是没有的。由此也就可看清,为什么这种区分能够达到一种优先统治地位。这种区分有优越势力,因为它不是置身于另外三种区分之间与之下,而是置身所有三者之上,如此把三者置身前仿佛加以调整一番。这就出现下述情况:思并不一直只是随便怎样形成的一种区分中的对立一方,而是变成场地与立足点,由此出发来对对立者作出决定,甚至于连在都根本是从思方面而来获取解释。

与我们的任务有密切联系的此一区分究竟有什么意义,就必须按照此方向来加以估计。因为我们归根到底是问:在的情况如何,在如何并从什么地方来被促成按其本质而在,并被领会、被理解而且被设定为举足轻重者。

我们必须在此仿佛无足轻重的在和思的区分中认识西方精神的那个基本态势,而西方精神本来是我们攻关之处嘛。那个基本态势惟有原始地才克服得了,这就是说是这回事:它一开始的真理被指引入它本己的界限中从而又被重新创立。

我们可以从我们追问的行程之现在的方位去展望还有一种别的追问。我们前曾指明,“在”这个词一反通俗的意见而有一种彻底限定的意义。这就是说:这个在本身是以一种确定的方式来被领会。在如此被领会时就向我们敞开。但每一领会作为敞开来的基本方式必定是在一道确定的视轨上活动的。此一事物,比方说,这个钟,在其是什么玩意儿这回事上总之一直是让我们莫名其妙的,只消我们对时间,用时间来计算,测量时间等事事前都一无所知就总是这样。注视的视轨必须事先已经开好。我们称之为前视轨,“透视远景”。如此即将表明:这个在不仅不是在不确定的方式中被领会的,而且这个在之确定的领会本身是在一道已经确定的前视轨上活动的。

在此轨上走来走去,滑出滑进都已成为我们的熟练本事,以至于我们根本既不知道此轨,也连哪怕只是追问它一下都注意不到理会不到。前视与透视承担并指引着全部我们对在的领会。既然希腊人也未能把这样的前视轨亮出来并且从本质深处(不是由于不同意)亮出来,那么沉(且不说失落于)这样的前视与透视中就来得更加猛,同时又隐蔽得更深了。但希腊人对在的领会已经是在此前视轨上进行活动的,而今在和思的区分之展开就从根本上参与着此前视轨之开拓与加固。

尽管如此,我们还把此区分不是摆在第一位,而是摆在第三位了。我们想先试试把此区分像前述区分一样以同样方式将其到底是怎么回事搞清楚。

我们又以对现在与在相对者作出一个一般的标记开始。

思是什么意思?人们说:“人思而神作主。”思在这里的意思是:想出这个那个,计划这个那个;思及这个那个是说:以它为图谋。“思坏事”的意思是:想做此事;思至某事的意思是:勿忘它。思在此的意思是怀念与想念。我们用这种讲法:只吟思某事,这就是说,描述,想象。有人说:我思此事有救,这就是说,在我看来是这样,我是这个看法而抱有此意见。在强调意义之下的思的意思是:深思,考虑某事,一个局势,一个计划,一个事件。“思”也可用来作我们称为“思想家”的著作的名称。固然所有的人都异于禽兽会思,但并非每人都是思想家。

我们从如此用语中汲取什么?思涉及未来事亦如涉及曾有事,但也涉及当今事。思把事物陈现我们面前,意象它。此意象总是从我们方面发出,是一番自由的支配和处理,但却不是任意随便的支配和处理,而是一种受束缚的支配和处理。其受束缚的情况如下:当我们把事物剖析、分解而又弥合时,我们就意象着对意象深思熟虑。但我们不仅是从我们出发思着而把事物摆在我们面前,我们也不仅是剖析事物以使其被分解了,而且我们还深思着追踪此意象所得者。我们不是简单地恰如其摊在我们面前的样子就把它算数,而是,用我们的话说,我们要走上引到事情后面的那条路上去。在此我们经历到事情到底是怎么回事。我们从此情况中得出一个概念。我们寻找的是一般。

从人们习惯所称的“思”之上述性格中我们暂先举出三回事:

1.“从我们出发”的意象是一种独特自由的行为。

2.用起剖析作用的联系来进行的意象。

3.靠意象来领会一般。

按此意象进行活动的领域之不同,按自由的程度之不同,按剖析之精致与准确程度之不同，按领会能力所及范围之不同，思就是肤浅或深刻，空洞或丰满，无关宏要或咄咄逼人，儿戏或严肃。

然而从这一切中我们还不能毫无问题地搞清楚，为什么在前已讲明的那个基本态势中恰恰是思来和在聚在一起。思是与追求、愿望和感触并列的我们的能力之一。在所有各种能力与行动方式中我们都要和在者打交道，并不只是在思中。确实如此。但“在和思”的区分含义比只和在者打交道更加深刻。此一区分是从被区分开而且被分开者和在本身自始就是内在相属的关系中发生出来的。“在和思”这个名称指称一种区分，这种区分仿佛是由在本身要求而来的。

思对在的这样一种内在相属情况是从我们迄今引用来标明思的讲法中无论如何看不出来的。为什么看不出来？因为我们还没有得到思的充足概念。那么我可以从什么地方弄到这样一个概念呢？



如果我们问这个，我们就做得好像千百年来根本还没有“逻辑”似的。逻辑是思之学，是讲思之规律与所思之形式的学说嘛。

此处逻辑还是哲学框子内的学科与教程，在此学程内世界观的观点与方向几乎不起作用或者毫无立锥之地。再说逻辑还被公认为一门可靠与可信之学。自古以来它就教同一内容。固然有某一学者对流传下来的一些条款就其结构与顺序作些调整；另一学者删掉此条彼条；再一学者全用心理学来作论证。从大体看一直是和悦的协调气氛统治着。逻辑为我们消除了要费事去追问思之本质的一切努力。

然而我们还要打算提出一个问题。什么叫做“逻辑”？这个名称是已经简化的表达 ἐπιστήμη λογική的称呼，就是讲 λόγος 之学。而逻各斯在此的意思是指说话。但逻辑本应是讲思的学说。为什么逻辑是说话之学呢？

为什么思要由说话来规定？这完全不是不言自明的事。我们在前面已完全不牵涉说话问题来讨论过“思”了。如果把对思的考虑当成对 λόγος 考虑来办并得出逻辑的话，那么对思之本质的考虑就完全是另一回事了。“逻辑”和“合逻辑的”根本不是没有话说就是思之一套规定之**所有**方式，好像绝对不可能还有其他方式似的。另一方面却也不是通过一番偶然情况才导致了讲思的学说变成“逻辑”。

不管上述这些会纠缠成什么情况，总之要引用逻辑来达到对思之本质划定界限的目的已经是一件大成问题的事，因为要起此作用的逻辑一直是成问题的，不仅是它的一些教本和理论成问题而已。因此“逻辑”才不能不摆在引号中。出现此情况并不是因为我们要否认“合逻辑的”（在所思得对者意义之下）。我们试图为思服务而恰恰要争取到在之本质由其来得到确定的那个东西，就是 ἀλήθεια 与 φύσις，也就是即为无蔽境界的在，也就是通过“逻辑”恰恰就趋于消失的那个东西。

逻辑在今天也还统治着我们的思和说而且从早期开始就从根本上附带规定着语言之文法结构从而附带规定着西方人对一般语言的基本态度。这个逻辑究竟是从什么时候开始有的？这个逻辑是什么时候开始形成的？从什么时候起就和希腊哲学一道走向结束而逻辑变成一件学院之事、组织之事与技术之事了。此事是自

从 ἐόν,即在者的在,作为 ἰδέα 出现而且作为理念而成为 ἐπιστήμη 的"对象"的时候起就开始了。逻辑是在柏拉图亚里士多德学派的学院活动范围之内产生的。逻辑是学院教师的一种发明,而不是哲学家的发明。无论何处哲学家们也曾掌握它时,此事总是从更加原始的动力起作用来出现的,绝不是靠逻辑的兴趣而出现的。作出决定性的巨大努力去克服传统逻辑这件事是由三个德国思想家作出来的,即由最伟大的莱布尼茨、康德和黑格尔作出来的,这也就不是什么偶然之事了。

逻辑只有在在和思之间的区分已经实现而且是以一种确定的方式并向着一特殊方面实现之后才能够出现来提供思之形式结构与开列思之规律。因而逻辑本身以及它的历史从来不能够为在和思的此一区分之本质及其起源端出一套充足的阐释来。从逻辑方面看来,凡是有关逻辑自己的本源以及它要求对思作权威论断的权利这类事情,逻辑本身都还需要得到解释与论证。逻辑成为学校教条的历史缘由及其详细发展情况我们在此不多究。反之我们必须思考下述问题:

1. 为什么在柏拉图学派中像"逻辑"这样的东西能够出现,而且不能不出现?

2. 为什么关于思的学说曾是一种关于在说话的意义之下的 λόγος 的学说?

3. 自此以后不断增长的逻辑的优势地位是建立在什么基础上的? 此优势地位最后表达在黑格尔的下述句中:"逻辑(是)真理的绝对形式,尤其是纯粹真理的本身。"(《哲学全书》§ 19,《小逻辑》中译本 64 页)黑格尔把此外一般都叫做"形而上学"的那门学问有意识地称为《逻辑》就是和“逻辑”的此一优势地位相当。黑格尔的《大逻辑》和通俗体制的逻辑教科书毫不相干。

思在拉丁文里叫做 intelligere。这是理智的事情。如果我们要反对理智主义,那么,为要真正进行斗争,我们必须认得对手,这就是说,现在就须知道,理智主义只不过是思之久经准备而用西方形而上学手法建立起来的一种优先地位之一个时至今日已相当寒酸的分店与支脉罢了。剪除今之理智主义的诸多赘瘤是要紧事情。但搞了半天理智主义的地位丝毫没有动摇,简直根本没有被击中。回归到理智主义中去的危险恰恰在要反抗理智主义的那些人中继续存在下去。只是今天来反抗今之理智主义的斗争引出的结果是,支持正确援用保存下来的理智这一事业的捍卫者们像是带着正当的权利登场。他们固然不是理智主义者,但和理智主义者同其渊源。但精神的反作用到了迄今这样的情况,一部分是由自然的惰性而来,一部分是由有意识的推动而来,这种反作用现在变成政治上的反作用的温床。对思的误解和对被误解的思的误用都只能通过一番真的与原始的思来克服,别无他法。要为这样一个真的原始的思重新打基础就要求比其他一切事都尽先回到追究思对在的本质关系的问题上来,这却是说,要求展开追究这样的在的问题。克服流传下来的逻辑并不是说要废弃思而只让感情统治一切,而是说要进行更加原始,更加严格的与在相属的思。

按照如此一般地表明出来的在和思的区分我们现在就更加确定地问:

1. 在和思的原始统一是怎样作为 φύσις 和 λόγος 的统一来活

动的?

2. λόγος 和 φύσις 的原始分裂是怎样出现的?

3. λόγος 怎样会出头露面的?

4. λόγος(“合逻辑的”)怎样变成思之本质?

5. 在希腊哲学开端时这个 λόγος 怎样会作为理性与理智来对在进行统治的?

按照前已摆出来过的六条纲领(见前面第 74 页)我们又来追究此一区分,就其历史的、同时也就是按其本质的起源来追究。经此追究,我们就判明:在和思之分裂,如果是一件内涵的和必然的事的话,就必定是基于一种被分开来者之原始相属关系。因而我们要追问此区分的起源的问题同时而且首先就是要追问思对在按其本质的相属关系的问题。

从历史上看来问题要这样来提:在西方哲学关键的开端时刻这个相属关系是什么样的情况?在此开端时刻思是怎样被领会的?希腊人关于思的学说变成了这样一种关于 λόγος 的学说,变成了“逻辑”,这件事能给我们一番指点。我们实际上碰上了在,φύσις和 λόγος 之间的一种原始结合。一般意见认为 λόγος 与 λέγειν 的意思原始地而且本来就和思、理智与理性意思一样,我们不能不就是要摆脱此种意见。只消我们还持这种意见而且甚至把关于在后来的逻辑的意义之下的 λόγος 的看法作为其有所阐述的标尺,那么我们再来对希腊哲学的开端重新推断一番就只是在做荒唐无稽之事。除此而外,持此看法的人永远看不见,1. 到底凭什么 λόγος竟能从在者的在分离出来;2. 为什么这个 λόγος 就是一定要规定思之本质而且一定要把思摆到在的对立面上去。

现在我们就直奔关键处并追问：如果 λόγος 与 λέγειν 不是指思，那么它是指什么？λόγος 意指话，而 λέγειν 的意思是讲话。Dialog（对话）是交谈，Monolog（独白）是单独说话。但 λόγος 的意思原本不是说话。这个词在其所指的意思中和语言毫无直接关系。λέγω、λέγειν 是拉丁文的 legere，和我们（德文）的“lesen（采选，读）”是同一个词：Ähren lesen（拾穗），Holz lesen（采集木柴），die Weinlese（采摘葡萄），die Auslese（精选）；“ein Buch lesen（选读一本书）”只是原本意义之下的“lesen”之一亚种。其意是说：将一本书去和另一本书放在一起，简言之：采集；而同时又把这本书与另一本书相对。希腊数学家就是这样来用这个词的。采集钱币并不只是随便归在一起来的一堆。在“类比”（Entsprechung——相应）这个术语中我们甚至发现两套意思凑在一块儿：原始的“关系”、“相关”的意思和“语言”、“说话”的意思。此中我们在“相应”这个话中几乎不再想到“说话”了，“相应地”倒过来看就像希腊人在 λόγος 中还不曾而且不必然想到“话”与“说话”。

可以引荷马的《奥德修纪》XXIV，106 的一段话来作 λέγειν 就是“采集”的原始含义的例子。此处是讲阿伽门农在阴间碰到被（他）杀死的（向其妻）求婚者们的事；阿伽门农认出他们并向他们说话：

“安菲弥东，出了什么危险，使得你们这些年华方茂的人都来到黄泉？就是从全国再精挑细选也采集（λέξαιτο）不到这样高贵的人了。”（参看 1979 年《奥德修纪》中译本第 304 页）

亚里士多德在《物理学》θι,252 a 13 说:τάξις δὲ πᾶσα λόγος,“而任何秩序都有采集的性质”。

现在我们还不追究,这个词怎样从最初还和语言与词与讲话毫无关系的原始含义讲到说话与讲话的含义。我们在此只需回想一下,λόγος 这个名称即使在其早已有了讲话与说话的含义以后,还一直保有它的原始含义,因为它至今还有“此一方对彼一方的关系”的含义。

当我们思考 λόγος,采集的基本含义的时候,我们还远没有为弄明白下述问题准备好条件:在希腊人心目中在和逻各斯是怎样原始地一而二,二而一,以至于二者以后可以彼此分开而又不得不按照一定的理由合而为一?

指出 λόγος 的基本含义后,也只有在我们已经理解希腊人说的“在”,φύσις 是什么的时候我们才能得到指点。我们不仅已经力求理解希腊人所想的在,而且由于以前已经把在对形成和对表象排比出来,在的含义的范围也就越来越清楚了。

我们永远把所说者重新直接保持在心目中,在此前提之下我们就说:作为 φύσις 的在就是向上升的起作用。在与形成的对立中在就展现为常住,即经常的在场状态。在与表象的对立中这个在就表明为现象,表明为敞开出来的在场状态。

逻各斯(采集)和这样阐明了的在有什么关系呢?然而首先仍然要问:在希腊哲学开端时到底已经讲过这样一种在和逻各斯之间的联系没有?当然讲过。我们又来仰仗两位权威思想家巴门尼德和赫拉克利特并试图重新登堂入希腊世界之室嘛。希腊世界的基本特征即使有点隐蔽，有点走样，有点转移，有点掩藏，也还支撑着我们的世界的基本特征嘛。永远必须再三提醒：恰恰因为我们承担这个伟大而长远的任务，要冲掉一个老化世界而真正重新地，就是说按照历史发展来建设它，我们就不得不知道流传下来的情况。我们不得不比以往一切时代以及在我们之前的各次变革时代知道得更多，也就是按方式说来知道得更加严格与更加有把握。只有最极端的历史知识才能使我们无愧于我们的不同凡响的任务并免再遭单纯的复原与无创造性的模仿之害。

我们用对赫拉克利特的一番解释来证明在西方哲学开端时λόγος和φύσις之间的内在联系。

赫拉克利特就是这位最早的希腊思想家，他一方面在西方历史过程中被最彻底地走样解释为非希腊思想的了，另一方面也是他在近现代提供出最强烈的动力要重新阐明真正的希腊思想。黑格尔和惠尔德林两位好朋友就是以他们的方式站在赫拉克利特的伟大而有成果的轨道上，但有区别，黑格尔是往后看而要作结，惠尔德林是向前看而要开拓。尼采对赫拉克利特的关系又是另一回事。显然尼采成为流行而不真的巴门尼德与赫拉克利特对立之说的牺牲者了。在此找到诸根本道理之一条，可以说明为什么尼采的形而上学根本走不到关键问题处。其实尼采在另一方面却用一种方式重新理解了全部希腊此在的伟大开端时代，此其方式只还被惠尔德林超过了。

对赫拉克利特的走样解释是通过基督教出现的。早期教会的教父们已开始干这件事了。黑格尔还站在这条线上。赫拉克利特论逻各斯的学说起了新约全书约翰福音第一章所论的逻各斯的前驱的作用。逻各斯就是耶稣基督。就因为赫拉克利特也已经谈到逻各斯,希腊人直接站到绝对真理门前,也就是达到基督教所启示的真理了。所以在我近日接到的一本著作中可以读到下述的话:"随着真理以耶稣神人的形态现实显现出来,希腊思想家关于逻各斯支配一切在者的哲学认识就被确认了。此一证实与确认就指明了希腊哲学的经典性。"

按照这种举国多方流传的对历史的看法,希腊人是哲学的经典作家,因为他们还不是完全成熟的基督教神学家。但赫拉克利特是约翰福音的一位前驱是怎么回事,在我们听过赫拉克利特自己的话后再来看看。

我们从两段赫拉克利特特别强调论及 λόγος 的残篇开始。我们在译述中有意把 λόγος 这个关键词不加翻译,以求从联系中才能将其含义摸索出来。



残篇 1:"虽然 λόγος 永远是这个逻各斯,人们却总是不了解它(ἀξύνετοι),既在他们听说以前,也在他们听说以后都不了解。其实万物都是 κατὰ τὸν λόγον τόνδε,根据这个 λόγος 而变成在者,但是我在 κατὰ φύσιν,按其在而分析每一事物并讲明其情况时所实行的那些话语和事情,虽然他们(这些人们)都试着做了,可是他们和那些毫无闯过什么事的经验的人一样。另外一些人(和他们所有的人都一样 οἱ πολλόι 的另外一些人)则茫然于他们醒时所做的事,就像他们睡梦中所做的事醒后对他们又茫然一样。"

残篇 2:"因此势必要遵从此事,也就是遵守在在者中在一起。可是 λόγος 本来就是这个在在者中在一起,那些人们却不加理会地生活着，好像每人一直都有其独特理智（意义）似的。”

我们从此两段引文何所得？

关于逻各斯说了：1. 它特有常住性，常住；2. 它一向是在在者中在一起，在者的一起，采集者；3. 出现的一切事物，也就是进入在中的一切，都遵照此常住的在一起居停于此；这就是起作用者。

在此关于 λόγος 所说的，准确地符合此词的本真含义：采集。然而正如这个德文词的意思是 1. 采集与 2. 集中，λόγος 在此就意指采集的集中，指原始地进行采集者。λόγος 在此的意思既不是意义，也不是词，也不是学说，甚至不是“一个学说的意义”，而乃是：经常在自身中起作用的原始地采集者的集中。

显然看来在残篇 1 中的联系是要导致从词语与说话的意义上来阐释 λόγος 而且甚至要求作为惟一可能的阐释；因为谈的就是人们的“听”。有一段残篇，此一 λόγος 与“听”之间的联系直接在其中被说出来了：



“如果你们未听我而听了 λόγος，那么遵之而说：一切是一，这就是智慧”（残篇 50）。

在此 λόγος 就是被表达为“可听到的”。那么这个名称还会有什么别的含义呢？只会是公告、讲话与词语了；何况在赫拉克利特的时代 λέγειν 这个同根字已经被通用于说话与讲话的意义之下了。

赫拉克利特自己就这样说（残篇 73）：

“不可以像睡着的人那样行事和说话。”

此处 λέγειν 显然不同于 ποιεῖν 不能有别的含义而只能是讲

话，说话。然而却是：λόγος 在那关键段落处（残篇 1 与 2）的含义却不是讲话，不是词语。残篇 50 看来是特别要把 λόγος 说成是讲话。正确说来，残篇 50 给了一番指点要我们向一个完全不同的方面去理解 λόγος。

为要看清楚与理解清楚 λόγος 在“经常的采集”的意义之下是什么意思，我们必须更精细地摸清楚前引诸残篇的联系。

人们面对着逻各斯，而且是作为把握不住（ἀξύνετοι）逻各斯的人们面对着。赫拉克利特较常用这个词（可着重参阅残篇 34）。这是对 συνίημι 的否定，而此希腊字的意思是“搞到一块儿”。ἀξύνετοι：人们是搞不到一块儿的这样的人们……搞什么？逻各斯，就是经常在一起的这个东西，就是集中。人们仍然是把这个东西搞不到一起，把握不住，摸不清楚是一的这些人们，他们也许还未听到或者已经听到了。紧跟着的那句话说出了原意。即使人们用词语，ἔπεα 来尝试，人们也摸不到逻各斯。此处提到的当然是词语与讲话，但却恰恰是和 λόγος 有别，甚至相反。赫拉克利特想说：人们诚然听着而且听到词语，但在此听中他们不能“听到”，也就是不能遵从不是像单词那样可以听到的东西，不是讲话那样的东西，而是 λόγος 这样的东西。正确来理解，残篇 50 就恰恰证明了一般人读出来的意思的反面。这段残篇是说：你们不要死抠词句，而要听到逻各斯。因为 λόγος 与 λέγειν 的意思已经是讲话与说话，而这并不是 λόγος 的本质，于是 λόγος 在此就与 ἔπεα，讲话对立。相应地真正的听话也和单纯的听与到处打听对立。单纯的听总是丢三落四地散落在一般人通常所想所说者中，散落在道听途

说中，在 δόξα(成见)中，在假象中。但真正的听话根本和耳朵与动嘴皮没有关系，而是说：面对 λόγος 所是的事情效劳：在者本身的集中。只有当我们真正讲来已经听话的时候我们才能听。听话这回事却和耳朵毫无关系。谁不是听话的人，谁就自始一直老远与 λόγος 不沾边，毫不相干，也许他用耳朵以前已经听过或者也许他根本还没有听过，都毫不相干。只"听"的那些人，在他们到处用耳朵并到处传达所听时，就是而且一直是 ἀξύνετοι，不了解者。这些人是什么样的人，残篇 34 说了：

"这些把经常在一起的东西搞不到一起的人们，是像聋子一样的听者"。

他们确是听着词语与讲话，然而却是锁闭起来的而与他们所该听话者无涉。这句话向他们讲明了他们是什么：在场者不在场。他们是在这儿却又是离开的。人们多半是在哪儿而他们却又是从哪儿离开？残篇 72 给了回答：

"对于他们顷刻不能离的那个东西，λόγος，他们格格不入，而对于他们每天都要碰上的那个东西，他们显得很生疏。"

λόγος 就是人们不断所在之处又是人们似若从之离开之处，而人们则是在场者不在场，是 ἀξύνετοι，不了解者。

如果人们是听着词语但又摸不清楚 λόγος，那么人们之不了解与不能了解又处于何处呢？他们又在何处并从何处离开呢？人们不断和在打交道而在又对他们生疏。在他们经常对在者有所作为的时候，他们和在相关，但因为他们完全摸不清楚在，而认为在者只是在者别无其他，所以在他们对在格格不入的时候，在就对他们

生疏。他们的确是醒的(在对在者的关系上),然而在始终对他们是隐蔽的。他们睡着了,而且甚至他们正在做的事也对他们又消失了。他们就这样在在者中飘飘荡荡并总是把垂手可得的东西认为是要理解的东西;于是每一个人都只有其切身在手边的东西。这一个人捞到的是这一件,另一个人捞到的是那一件,每一个人的感受都处于按照他自己而得的状态,都是固执己见。此一固执己见就阻碍了他们按正确的预先摄取去达到内在的集中,就使他们不可能做到听话并按照应听的话去听了。

λόγος 就是经常的采集,就是在者之内在的集中,也就是在。所以在残篇 1 中 κατὰ τόν λόγον 和 κατά φύσιν 是同一个意思。φύσις 和 λόγος 是同一回事。λόγος 标志着从一种新看法但也是老看法来看的在:正在存于中而形于外地在着,这就是在自身中从自身来集中并将自身保持在如此的采集中。这个 ἐόν,这个在着者,按其本质就是 ξυνόν,集中的在场;ξυνόν 的意思并不是指"一般的",而是指把一切都采集到自身中并保持在一起者。这样的 ξυνόν,例如按照残篇 114 的说法就是为 πόλις(城市)而设的 νόμος,规章(归在一起的设立),πόλις 的内部结构,不是一个一般,不是驾乎一切之上而不涉及其中任何一个的这样的一般,而是纷然杂陈者之原始合一的统一。固执己见,ἰδία φρόνησις,始终锁闭不见 λόγος,总只执着在此一面或另一面而认为其中就有真者。残篇 103 说道:"在圆周上,起点与终点是同一的,集中在自身中。"在此要把 ξυνόν 作为"一般",那就荒谬了。

在固执己见的人心目中生只是生。他们认为死就是死而且只

是死。但是生之在同时是死。每一出生的东西，始于生也已始入死，趋于其亡，而死同时是生。赫拉克利特在残篇 8 中说道："互相排斥的东西结合在一起，这一个对另一个，有来有往，从自身采集自身"。互相排斥的就是采集着的集中，就是 λόγος。一切在者之在就是最显象者，也就是最美者，最常住于自身中者。希腊人所谓的"美"就是约束。采集最高的互相排斥之境就是 πόλεμος，就是前已谈过的对抗的意义之下的斗争。对我们今天的人说来，美的却反过来是轻松宁静的因而是为享受而规定的。那么艺术就归属于糕点师傅的辖区了。艺术享受到底是为满足鉴赏家与审美者的敏感还是为提高心灵的道德境界，在本质上都没有区别了。在希腊人心目中 ὄν 和 καλόν 说的是一回事(在场就是纯粹的显象)。美学的意思却别有所指；美学也像逻辑这样古老。对美学来说，艺术就是从令人喜欢和讨人喜爱的东西的意义上对美的事物的表达。然而艺术却是把在者之在敞开。我们必须从一种原始的重新找到的对在的基本态势出发来使"艺术"这个词及其所指称者得到一种新的含义。

我们停止描述赫拉克利特所思的逻各斯之本质。此时我们还要特地提请注意一种双重情况，此情况中现在还有什么没有提出来搞清楚。

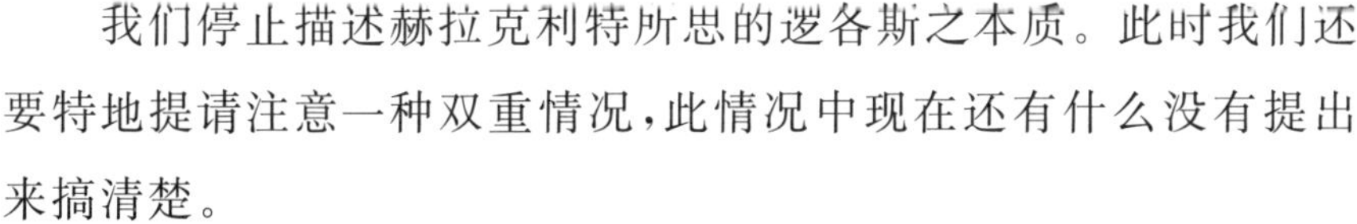

1. 说和听只有当其自身先已指向在，指向逻各斯时才是真正的说与听。只有逻各斯敞开之处，语意才会变成词语。只有在者之自行敞开的在被获悉了，凭空的道听途说才会变为听。但那些摸不清 λόγος 的人们，ἀκοῦσαι οὐκ ἐπιστάμενοι οὐδ' εἰπεῖν，"既不懂得怎样去听，也不懂得怎样说话"(残篇 19)。他们不会把他们的此在安放在在者之在中。只有会做此事的人们才掌握词语,诗人与思想家们才会。其他的人们都只是跌跌撞撞在其固执已见与未闻大道周围而已。他们都只让恰恰在他们面前路上浮动的东西,迎合他们的东西与他们所识的东西算数。他们像狗一样:κύνες γὰρ καί βαΰζουσιν ὧν ἄυ μὴ γινώσκωσι:"因为狗也咬它不认识的人"(残篇97)。他们是驴子:ὄνους σύρματ᾽ ἄν ἑλέσθαι μᾶλλον ἤ χρυσόν,"驴子宁愿要草料不要黄金"(残篇9)。他们一直到处从事于在者。在却始终对他们隐蔽着。在是不可捉摸的。用耳朵听不到,也嗅不到。在无论是什么别的,只不是烟和雾:εἰ πάντα τὰ ὄντα καπνὸς γένοιτο,ῥῖνες ἄν διαγνοῖεν,"如果一切在者都变成了烟,鼻孔就会把它们分辨出来"(残篇7)。

2.因为在就是逻各斯,就是原始的采集,而不是乱石与碎砾,其中每一块起的作用都是同样多与同样少;在在身上却有地位之别,却有主宰这回事。当这个在要敞开自身的时候,它自身就不能不有地位而且遵照其地位起作用。赫拉克利特之所以要谈到狗与驴子这样的许多东西,就标志着这种态势。这种态势从本质上就属于希腊人的此在。当我们已难免今天还热心于向希腊人的城邦取经的时候,我们却不要把此方面略而不谈,否则这个城邦概念就容易变成无关紧要与感情冲动的了。恰如其地位的作为是更强有力的作为。所以这个在,这个逻各斯,作为集中起来的协调,是不容易的,而且不是对每个人都同样恰如其分可以获致的,而是并且只是调整消除紧张情况的平整状态的那种协调相对立而隐蔽着:ἁρμονίη ἀφανὴς φανερῆς κρείττων,"这个不(直接而干脆)展现出来的协调比显而易见的协调更有力”(残篇 54)。

因为这个在就是 λόγος,是 ἁρμονία(和谐),是 ἀλήθεια(真理),是 φύσις(自然),是 φαίνεσθαι(现象),所以它恰恰不是随便怎么样展示自身。真的不是对每一个人皆然,而是只对强有力者才真。正是着眼于在的此种内在优越性与隐蔽境界才讲出了下面这些令人惊讶的话。那样的话恰恰因为看样子不大像希腊人口气却讲明了希腊人对在者的在的经验的本质:ἀλλ' ὥσπερ σάρμα εἰκῆ κεχυμένων ὁ κάλλιστος κόσμος,“最美丽的世界也好像一堆乱七八糟丢掉不要的垃圾堆”(残篇 124)。

Σάρμα 是与 λόγος 相反的概念,是与自住的相对立的只是被丢掉的,是与集中境界相对立的碎砾,是与在相对立的非在。

流行的对赫拉克利特哲学的陈述喜欢将其概括成这一句话:“πάντα ῥεῖ”,“一切皆流”。假若这句话根本就是从赫拉克利特讲出来的,那么这句话并不是说:一切只是一番不停地走向流失的变换,是纯粹的不住,而是说:在者整体总是在其在中从一番对立到另一番对立被抛来抛去,这个在就是这种相反着的不平静之集中境界。



如果我们理解了 λόγος 就是采集与集中的基本含义,那么在此就须把握清楚:

采集绝不是单纯的凑在一起堆成一块儿。采集是把纷然杂陈与互相排斥者扣入一种归属一起的境界中。此境界就不容其散落入简直丢三落四而只好扔掉的状态中。λόγος 这样丝丝入扣,一管到底,就是 φύσις。采集并不把所一管到底者消散入一种空洞的无对立状态,而是从互相排斥者的协调中来把互相排斥者保持在其紧张的最高锋利状态中。

现在此地是可以简略回到下述问题上去的地方了:基督教的逻各斯概念,尤其是新约全书中的逻各斯概念究竟是什么情况?为求得一个较准确的陈述,我们在此势必要在马太福音、马可福音、路加福音三者与约翰福音之间又作区别。从原则上说来是这样:在新约全书中逻各斯的意思自始就不像在赫拉克利特书中那样是在者的在,是互相排斥者的集中,而乃是一个特殊的在者,也就是上帝之子。这个儿子又是当上帝与人之间的中间人角色。新约全书对逻各斯的这种想法和斐罗所教养出来的犹太宗教哲学的想法是一样的,在斐罗的创世说中就把逻各斯规定为 μεσίτης,即中间人。中间人怎么会是逻各斯呢?因为 λόγος 在旧约全书的希腊文译本(Septuaginta,约纪元前 3—前 2 世纪间犹太学者译的旧约圣经希腊文译本)中是用来指词的名称,也就是指命令、戒律的确定意义之下的“词”;οἱ δέκα λόγος 的意思是上帝的十条戒律(Dekalog,十诫)。所以 λόγος 的意思是:κῆρυξ,ἄγγελος,宣读戒律与命令的宣读者,信使;而 λόγος τοῦ σταυροῦ 就是从十字架来的词话。从十字架来宣教就是基督本身;基督就是拯救的逻各斯,永生的逻各斯,λόγος εωῆs。有这一切的一个世界和赫拉克利特毫不相干。

我们已曾试图把 λόγος 对 φύσις 的按其本质的相属关系摆明出来,而其目的是要从此统一中去理解区分的内在必然性与可能性。

然而此刻人们几乎要针对赫拉克利特对逻各斯的说明提出异议：既然逻各斯对在本身的本质相属关系在此是如此根深，那么从 φύσις 与 λόγος 的此一统一性与同一性中又如何会得出作为思的逻各斯对在的那种对立来呢，这就又完全成为问题了。的确，这是一个问题，这个问题我们切切不要想得太容易，虽然作如此想的引诱力是很大的。但是现在我们只能说：如果 φύσις 与 λόγος 的这个统一性是这样原始，那么此一区分也一定相应地原始了。如果在与思的此一区分此外还有异于前述区分的其他样式与其他安排，那么此一分离也必定是有一种另外的性格。因此我们必须试图，与我们力求的阐述 λόγος 时要摆脱后世的一切扭曲并要从 φύσις 的本质去加以理解的情况相适应，也要力求对 φύσις 与 λόγος 的分离之出现情况纯粹用希腊方式去理解，也就是重新从 φύσις 与 λόγος 中去理解。因为在面对着追问 φύσις 与 λόγος，在与思的分立与对立的问题时，我们几乎是比阐述 φύσις 与 λόγος 的统一性时更加直接地与顽固地处于近代的误解的危害之下。何以言之？

在确定在与思是对立的时候，我们是在一种流行的格式中动脑筋的。在是客观的，是客体。思是主观的，是主体。思对在的关系是主体对客体的关系。人们认为，希腊人在哲学开端时思的时候，因为他们还没有足够的认识论的训练，所以还把这种关系思得相当原始。所以人们就还在在与思之对立中发现不了任何需要想想的情况。然而我们必须**追问**。

φύσις 与 λόγος 的分离之本质规律性的过程是什么样的过程？为要看清此一过程，我们必须把 λόγος 与 φύσις 之统一性与相属关系比迄今为止更加敏锐地去理解透彻。现在我们试图按照巴门尼德的教导去办此事。现在是有意这样办的，因为流行的意见走得这样远，认为无论怎样能解释逻各斯的学说，反正它是赫拉克利特的独到之处。

巴门尼德是和赫拉克利特站在同一个立足点上。这两位希腊思想家，希腊思潮的创始者，还会站在在者之在以外的什么立足点上吗？巴门尼德也认为在就是ἕν，ξυνεχές，紧闭自封者 μοῦλον，独自团结者，οὖλον，自足完满者，经常展示着自身而起作用，通过此作用一面的与多面的表象也经常地一贯表现出来。因此无可避免的通向在的路是通过无蔽境界的，却又一直保持着是一条三岔路。

但巴门尼德的思想中哪里谈得上 λόγος 呢？甚至哪里谈得上我们现在所寻求的，谈得上在和逻各斯的分离呢？如果我们在巴门尼德思想中由此角度根本找得着什么东西的话，那么看来展示给我们的恰恰是一种分离的对立面。一句巴门尼德的话用两种说法流传下来，而在残篇 5 中是这样说的：τὸ λὰρ αὐτὸ νοεῖν ἐστίν τε καὶ εἶναι。粗疏地而且按照早已习惯的方式译出来，这句话是说："但思与在是同一的。"对这句多次被提到的话误解成非希腊人的意思了的厉害程度并不比对赫拉克利特的逻各斯学说的扭曲差。



人们把 νοεῖν 理解为思，把思理解为主体的活动。主体的思决定着在是什么？在只不过是思之所思者。那么因为思始终是一种主观的活动，巴门尼德说的思与在是同一的，就通通变成主观的了。没有自在的在者了。人们振振有词地说，但是这样一种学说在康德哲学和德国唯心主义中却是有的呀。巴门尼德把这些学说根本老早就预先接受了。巴门尼德由于此一进步贡献还受赞扬，特别是和亚里士多德比起来，即和一位晚出的希腊思想家比起来值得赞扬。亚里士多德一反柏拉图的唯心论而代表了一种实在论并且成为中世纪的前驱。

此一众所周知的看法必须在此特意提一下，不只因为它在对希腊哲学的一切历史的叙述中推销其胡言乱语，不只因为近代哲学本身就是按此意义来阐述其以前发展的历史，而首先是因为，由于所引意见在实际上占了统治地位，就使我们难于理解巴门尼德的那句原始希腊词语的本来真理。只有在办成这件事时，我们才能摸清楚，不是从近代才开始，而是从古代后期以及基督教出现时就开始在西方的精神历史也就是本真历史中出现了什么样的变化。

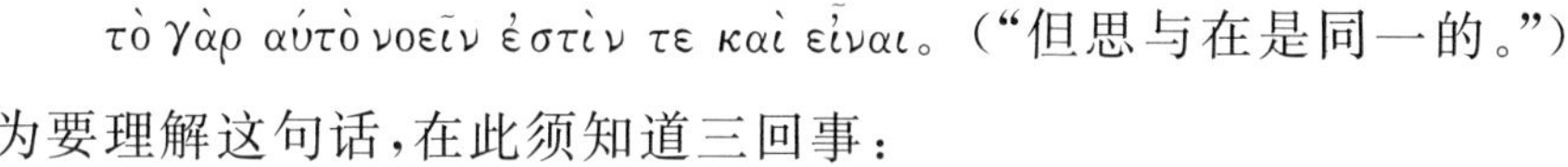

τὸ γὰρ αὐτὸ νοεῖν ἐστίν τε καὶ εἶναι。（“但思与在是同一的。”）为要理解这句话，在此须知道三回事：

1. τὸ αὐτο 和 τε……καί是什么意思？

2. νοεῖν 是什么意思？

3. εἶναι 是什么意思？

关于第 3 条所问的，看来我们通过在前文中谈到 φύσις 的内容已知道得足够清楚了。但第 2 条所提的 νοεῖν 却是晦而不明的，特别是当我们毫不犹豫地用“思”来翻译这个动词的时候而且还把它规定为分析的言说的逻辑的意思了。νοεῖν 的意思是承认，νοῦς 的意思是讯问而且是在一种双重相属的意义之下的讯问。承认首先是指：接受，候教，也就是候展示自身者，现象者之教。承认然后还指：听取证人、尊重证人而同时又接纳事实情况，一如事实现状及其情景去判定事实情况。讯问在此双重意义之下说的是：候教，但却不是单纯的接受，而要面对展示者采取一种接纳态度。如果军队采取一种接纳态度，那么他们就要迎接面临的对手，而且要这样来迎接，使对手至少要止步不前。现象者之这种接纳起来的止步之妙就寓于 νοεῖν 中。巴门尼德谈到承认时竟说，它与在是同一回事。这样一来，我们就要去弄明白第 1 条所问的问题：τὸ αὐτὸ，同一的，是什么意思？

与另外的东西同一的东西，对我们来说就是一色一样的东西，是同一个东西。这个同一的一又是在什么样的统一的意义之下来理会的呢？要确定这一点，不能随我们的高兴去办。在此牵涉到说“在”的问题，倒不能不从巴门尼德在 Ἕν 这个词中所思的意义上去理解统一。我们知道，统一在这里绝不是空空洞洞的一无所谓，不是无关痛痒的反正一回事。统一是互相排斥者之归属一起。这就是这个原始地就一致者。



巴门尼德为什么说 τε καί？因为在与思是在互相排斥的意义上一致，也就是说，在与思是作为归属一起而同一的。我们应当怎样理解此点？在已经从许多角度向我们表明就是 φύσις 了，我们就从这个在出发。这个在的意思是：处于澄明中，现象，进入无蔽境界。这样的事出现之处，也就是说，在起作用之处，就一同起作用而且作为归属于在之事一同出现下述两件事：讯问；常住于自身中而又展示自身者之以接纳态度止步。

巴门尼德在残篇 8 第 34 行中说这同一句话说得更深刻：ταὐτὸν δ'ἐστὶ νοεῖν τε καὶ οὕνεκει ἔστι νόημα：讯问与讯问为之而出现的事是同一的。讯问就为在之故而出现。这个在只活跃为现象，只有当无蔽境界出现时，当展示自身之事出现的，这个在才活跃而进入无蔽境界。巴门尼德的这句话以此两种讲法使我们对 φύσις 的本质有了更加原始的明见。讯问就归属于 φύσις，φύσις 起作用就是讯问一同起作用。

这句话当下完全没有谈到人，然后也没有谈到作为主体的人而到底也没有谈到那把一切客体事物全说成是主体事物的这样一个主体。这句话说的倒全是反面：在起作用，但正因为在起作用而且只有当在起作用而且现象时，才必然有现象这回事也有讯问这回事一同出现。但在此现象与讯问出现时若人要参加的话，那么人当然必须自身在，必须归属于这个在。那么人的在的本质和方式都只能从这个在的本质来得到规定。

然而如果现象这回事是属于即为 φύσις 的在，即为在者的人就不能不归属于现象这回事中。由于是人的在却又显然在在者整体中构成一种特有的在，是人的在的特征就是从其对正在起作用而现象着的在的归属关系的特性中生长出来。但是只消属于这样的现象这回事中的有讯问，有对展示自身者加以接受的承认，那么看来就恰恰是要从这里去规定人的在的本质了。因此我们在阐述巴门尼德的那句话的时候却不容许随便把后世的甚至今天的关于人的在的想法搬进来而且穿凿附会到这个话中去。这句话必须反过来从其自身才来给我们指点：人的在也是如何按照这句话，也就是按照在的本质来规定其自身的。

这个人是谁，这个问题按照赫拉克利特的话是要在 πόλεμος

中，也就是要在神与人的分野中，在这个在本身的粉墨登场中才表现出来(ἔδειξε，展示自身)。这个人是谁，这件事就哲学看来并不是已写在天上随便在哪个地方了的。这里倒是有这样的事：

1. 对人的本质的规定绝不是答案，而根本是追问。

2. 对这个问题的追问和决定都是有历史性的，不只是一般历史问题，而乃是历史的本质。

3. 这个人是谁，这个问题必须永远摆在和在的关系问题的本质联系中。追问人的问题不是一个人类学问题，而乃是一个有历史性的 metaphysische(后物理学)问题。〔这个问题在传统的形而上学(Metaphysik)范围内，因为基本上仍然是讲《Physik(物理学)》，所以是追问不出名堂来的。〕

因此我们不可以按照一种由我们添进来的人的概念去误解巴门尼德的那句话中说的 νοῦς 和 νοεῖν 的意思，而是我们必须学会懂得，人的在是从在与讯问的本质相属关系的情况中才来规定自身的。

在在与讯问如此起作用的情况中人是什么？我们已经熟习的残篇 6 的开头就给了我们答案：χρὴ τό λ ἐγειν τε νοεῖν τ'ἐὸν ἔμμεναι：不能不这样说也这样讯问，就是：在者在其在中。

在此我们根本还不可以把 νοεῖν 认为就是思。只消我们又还无意识地而且从俗地把“讯问”认为是人的一种能力，一种行动方式，而此所谓人又还是按照空疏的生物学、心理学或认识论来设想的人的话，那么如果我们把 νοεῖν 理解为讯问也还不够。即使我们不特别考虑到上述设想的，情况也还是这样。

讯问和巴门尼德的话关于讯问所说的意思,都不是已经有了定规的人的一种能力,而乃是一种情况,在此情况中人才作为在者进入历史,才现象,也就是说(按照字面意义)自身才进入在。

讯问不是一种行动方式,不是人将其作为特性而占有的行动方式,而是反过来:讯问是占有着人的那种上演情况。因此永远全然只谈得上 νοεῖν,只谈得上讯问。在此谈到的情况中出现的事情并不比人作为历史性的人(在之保藏者)之在现象中出现少。此一谈法也同样肯定是对西方有权威性的对人的在的规定,即人包含着一种在之本质标记。在在和人的本质之相属关系中二者之分野也显露出来了。就老早变得空荡而无根无据的“在与思”的区分看来,我们就再也没法认识此区分的根源了;要认识,除非我们回溯到其开端处。

在与思的对立之方式与方向都是如此无与伦比,这是因为人在此中才出面而为在。此一情况就是人之有意识的现象而为历史性的人。当人被周知为这样的在者以后,人也才被“下定义”于一个概念中了,即定义为ζῷον λόγον ἔχονι,animal rationale,理性的生物。在人的此一定义中 λόγος 出现了,但却是以一个面目全非的形态并在一个很奇怪的环境中出现的。

上述人的定义根本是一个动物学的定义。这个动物学的ζῷον始终从许多方面看来都成问题。然而西方关于人的学说,所有的心理学、伦理学、认识论、人类学都是建筑在人的此一定义的框框之内的。自古以来我们都是在从此一教条中引申出来的想法与概念的一团混乱中过日子。

但是因为人的这一条包揽一切的定义现已衰落得无人理睬其后来的说法了，所以只要我们还有其勾勒出来的观察途径上思与问的话，我们就看不到任何在巴门尼德的讲法中被谈到并出现的东西。

关于人的流俗的想法以及其一切变种都只是一种限制，把我们阻隔在人的本质之现象开始进行并被定形下来的范围之外。另一种限制是甚至使我们对上述追问人的问题始终不察。

诚然现在就有许多书，书名就问“人是什么？”但是这个问题只是在书皮上用铅字印出来。根本没有追问；而没有追问绝不是因为人们在写出这么多书时单把这个追问忘记掉了，而是因为人们已然有了对此问题的回答而且是这样一个回答，即回答同时即已说明人们根本不许问。有人信仰天主教堂的教条说的话，这是个人的事情而且没有什么问题。但人们在许多本书的书皮上摆出人是什么？这个问题，虽然人们是因为不愿问与不能问而不问，这却是一种做法，这种做法开头就是由己之过而失去任何一种被严肃对待的权利。那么例如法兰克福日报把只在书皮上提问一下的这样一本书赞誉为“一本非常伟大而有胆识的书”，这就向连最盲目的人都表明了我们是处于什么境况中。

为什么我在此把一些不合情理的事物与对巴门尼德的说法的阐释相提并论？这样的著作本身就是毫不重要与毫无意义的。但已保持好久的追问的任何热情都麻木了的状态却不是毫无意义的。这一状态随身带来的后果是，一切准则与态度都陷于迷惘而多数人都再也不知道，如果历史性的知识之尖锐性与原始性不是和历史性的意志之重要性联系在一起的话，那么本真的决定行动必须落在什么地方与何者之间呢？如上述的指点也只能指明，即为历史性的在之基本景况的此追问已离开我们多远了。但对此问题的理解就我们说来也已丢失了。因而为要深思下文现须指出这些基本瞄准点。

1.对人之本质的规定绝不是答案，而根本是问题。

2.此一问题的追问是历史性的，是在此一追问才创造历史这种原始意义之下是历史性的。

3.情况之所以是这样，是因为人是什么这个问题只有在对在的追问中才能被追问。

4.只有在这个在在追问中敞开自身之处，才出现历史从而出现人的那个在，全赖此一在人才闯入与在者的分离中而成为这样一个在者。

5.此一追问着的分离才把人带回到这样一个在者中去，这个在者就自己在而且要自己在。

6.人作为追问着的有历史性者才归于他自身并且是一个自己。人之是自己并不是说明此种情况：人要把向他敞开自身的在放在历史中加以变化并在其中将自身定形下来。是自己并非说明，人首先是一个“我”与一个个别者。人不是这个，同样也不是一个我们与一个共同体。

7.因为人作为历史性的人而是他自己，追问人的独特的在的问题就不得不从“人是什么？”这个形式变成“人是谁？”这个形式。

巴门尼德的说法讲出来的东西，就是一种从在本身的本质来对人的本质的规定。

但我们还不知道，此处人的本质是如何被规定的。前已做过

的事情只是把此说法讲入其中的这个范围描画出来而此说法在讲入其中时就把此范围一同敞开出来。可是此一一般的指点也还不足以使我们从流俗的关于人的想法以及对人作概念的规定之方式方法中摆脱出来。我们不能不为理解此说法而对希腊人的此在与在中一些积极因素心中有点数，以便理解其真理。

我们从多次引用的赫拉克利特的说法中知道，只有在 πόλεμος 中，在（在之）分离中才出现神与人的分野。只有这样的斗争才 ἔδειξε，展示着。此一斗争才使神与人在他们的在中出现。人是谁，这一点我们不是通过一条学来的定义才知道，而只是通过人进入与在者的分离这回事才知道。而在人进入与在者的分离中时，人就力求把在者放入其在中，也就是说放入界限与形态中，也就是说谋划一个新的（尚未在场的）事物，也就是说原始地吟诗，诗意地奠基。

巴门尼德的思和赫拉克利特的思还是诗意的，在此是说：还是哲学的而不是科学的。但因在此诗意的思中思占优先地位，这个关于人之在的思就采取其独特的方向与准则。为要把此一诗意的思从归其所属的对立面方面来足够地弄清楚并如此准备理解它，现在我们咨询希腊人的一种思意的诗作，也就是希腊人的在与（所属的）此在真正建立于其中的悲剧。

我们要从其根源上来理解“在和思”的区分。此区分是为西方精神的根本态度而取的名称。按此区分这个在就是从思与理性的视野来规定自身。这种情况就是在西方精神要摆脱一种单纯的理性统治之处，当其想谈“非理性的”与寻求“非逻辑的”时也依然。

在回溯在和思的区分之根源时我们碰上巴门尼德的说法：τὸ

γὰρ αὐτὸ νοεῖν ἐστιν τε καὶ εἶναι。按照习惯的译法和想法这是说：思和在是同一的。

我们可以把此一说法称为西方哲学的指导原则，当然只能在我们加了一段按语时才能这样做，按语如下：

这种说法是由于它不再被理解了，因为它的原始真理不能被掌握了才变成西方哲学的指导原则的。按巴门尼德的意见从这种说法的真理中脱出还在希腊人本身中就已经开始。还有这样影响的原始真理只有当其不断更加原始地发挥作用的时候才能被掌握住，却绝不可能仅仅通过运用它和引用它来掌握住。原始的东西只有当其不断有可能成为它所是的(根源就是从本质之隐蔽状态里产生出来)时才始终是原始的。现在我们来试图重新获得此说法的原始真理。我们前已通过翻译来对已遭改动的阐述作出最初的暗示。此说法不是说："思和在是同一的"，而是说："各种方式的讯问和在是交互归属的。"

然而这是什么意思？

此说法以随便一种方式把人带入语言。因而几乎是无可避免的事是，先得把对人的惯常的想法摆进此说法中来。

然而这样一来就要对希腊人所体验的人的本质发生一种误解，可能是基督教的概念或近代的概念的意义之下的误解，也可能是二者之一种失去光泽而又自吹有得的杂拌儿的意义之下的误解。

但是此一引入一种关于人的非希腊人的想法的方向的误解还是一件较轻的坏事。

真正灾难性的事是，人们简直根本没有沾上此说法之真理的边儿。

因为是在此说法中才完成了对人的在之决定性的规定。因此我们必须不仅置此一或彼一阐述人的不合适的想法于不顾，而且要干脆置任何此类想法于不顾。我们必须力求只听此说法所说的话。

但因我们这样去听时不仅毫无经验，而且还因为我们耳朵里老是塞满阻碍我们去听得对头的东西，这就令我们不得不把人是谁这个问题的正确追问条件更加要用一一列举的方式提出来。

但是，因为巴门尼德所做出的对人之在的思的规定，实难直接通达且令人诧异，所以，我们先要听听希腊人对人之在的诗意的构思，以求得帮助和指点。

我们读读索福克勒斯的《安提戈尼》中的第一首合唱诗(332—375)。我们先听听希腊文，就可以听到一点音调到耳朵里去。译文如下：



“莽苍万景，而无
苍劲如人者。
彼出奔怒潮，
随冬之南风暴雨
起伏于惊涛
骇浪峰间。
彼疲及诸神之至尊，疲及土地，
疲及坚如磐石的无劳无虑者，
年年岁岁勤翻耕，
驱骏马往返

运犁。
轻翔鸟众
彼招引，
遍野荒丘滩湖
鱼兽群均备谋人狩。
彼智胜
夜游山林兽，
粗鬃烈马
无畏雄牛
归彼持杖
驯服。
入于言语词令，
入于旋风式无所不晓，
彼应付裕如，亦勇
掌城邦之治。
彼亦熟虑，善免陷于
诸多气候，诸多不适与酷寒之折磨。

出巡处处，无知无路
彼终归无。
天命惟死，
彼无可逃，
纵善于规避
幸免病魔缠身。

够世故的，因能力
从容，不虑意外，
彼可堕入逆境，
而顺境亦终临彼。
彼行于掌握世事与
谨奉神谕之间。
彼高出境遇，亦损及境遇，
因不在者总在出助彼冒险。

操此大业者
不至与我亲如一家，
其所见亦非赖我所知。”

以下的阐释势必不充分，至少因其不能从这部悲剧的整体更不能从诗人的著作整体中建立起来。关于读法的选择和对本文作的一些改动在此也无法细讲。我们分三道程序进行阐释，在每一道程序中我们分别用不同的看法透视赞美歌的整体。

在第一道程序中我们要特别指出，构成此诗之内在纯真境界的是什么，而在语言运用上相应地举出并突出此整体的又是什么。

在第二道程序中我们顺着每段诗以及相应各段诗的顺序走而且走过此诗作所敞开的整个范围的边界。

在第三道程序中我们试图在整体之中找到一个立足点，以求观测按照此诗之说人究竟是谁。

第一道程序。我们寻找这个承担者和这个突出整体者。我们其实用不着寻找。它是三重的，三次就像一种反复的冲刺一样面向我们冲过来并从一开头就把一切追问与规定的日常准则都打破了。

第一次是这个开头：πολλὰ τὰ δεινὰ……

“莽苍万景，而无苍劲如人者。”

在这头两句诗中就预先向整首赞歌抛入了一层意思，这层意思是整首歌在其个别发挥处要一再照顾到的并不能不深深刻入诗句结构中去的。人用一个词来说就是 τὸ δεινότατον，苍劲者。对人的此一说法就是从人的在之最宽广的界限和最尖锐的深度来领会人。此其尖锐与有限，只会对一个现存事物下描画与判定的功夫的眼睛是绝看不见的，即使是千万只要在人身上搜查情况与状态的眼睛也看不见。这样的在只向诗意地思的谋划敞开。在此我们找不到任何一个描绘下来的人的现成样品，也找不到任何一个由于追求一种找不到的重要性就抑郁不快而硬从下面提高上来的人的本质，找不到任何一个人物之卓越。在希腊思想中根本还没有人物(因而也没有超人物)。人就是 τὸ δεινότατον，莽苍之苍劲者。δεινόν 这个希腊字以及我们的翻译都要求在此预先作一番解释。这个解释只有从对整首赞歌的说不出来的预先明察里才给得出来，而这整首赞歌本身而且惟有这整首赞歌才成为对这头两句诗的准确无误的阐释。δεινόν 这个希腊字就是在那个莽苍的双关中双关起来的，而希腊人之说就是用这个双关来把这个在中的相应的分离摸个透。

首先 δεινόν 是指称可怕的，但不是说小小的畏惧，更不是衰弱的，傻里傻气的而且不起作用的那种意思，就像今天人们在说“怪

俊俏可爱的"时用的这个"怪"字那样。这个 δεινόν 是起制胜作用的意义之下的可怕者,这个起制胜作用以同样的方式逼出惊惶失措的恐怖来,逼出真的畏来,就像逼出聚精会神而在内心搅动的默默的惊恐一样。这个强有力者,这个制胜者就是起作用这回事本身的本质性格。只要这回事破门而入,它就能够把它的制胜力量保持于自身。但这么一来事情就不是无何危害了,而只是更加可怕了而且还有更多名堂。

再则 δεινόν 的意思是指强有力者,其意思是指行使权力的人,不仅拥有权力,而且强力行事,因为行使权力不仅是他的行之基本特征,而且是他的此在之基本特征。我们在此给了强力行事这个词一个带根本性的意义,此意义从原则上超出了此词之习惯通用的意义,此习惯通用的意义多半是指单纯的粗野与任性。这时强力是从这个范围来看,在这个范围中,商定彼此调剂与互相关心成为此在的准则而任何暴力都必然只被断为扰乱与损害。

在者整体起着作用时就是制胜者,就是第一种意义之下的 δεινόν。人却是 δεινόν,首先因为他根本属于这个在之中,所以他始终处于这个制胜者之中。人还再度是 δεινόν,还因为人是已经标明的意义之下的强力行事者。(他集中起起作用者来并使其公诸于世。)人不是在旁人之外与旁人之侧而乃单独地是强力行事者,单独是这一意义的单独:人由于其强力行事而且就在其强力行事中针对着制胜者行使强力。因为是在一种原始的合一的意义之下人是双重 δεινόν,人就是 τὸ δεινότατον,最强有力者:就在制胜者之中心强力行事。

但为什么我们用“苍劲”来译 δεινόν？不是为要把强有力者的，制胜者的，以至于强力行事者的意义掩盖起来甚至削弱；恰恰相反。因为这个 δεινόν 是要把人之在的最高度的提升与最高度的结合讲出来，所以已经如此规定的在之本质就应立即从关键的视线进入眼帘。既然要做的事情恰恰是要领会这个 δεινόν 本身是什么与如何是，那么又把强有力者标明为苍劲者，这个后补的规定岂不是要把我们带回头去看强有力者如何对我们起作用吗？但是我们讲苍劲者却不是从给我们的感觉状态的一个印象的意义去讲的。

我们把苍劲的理解为从“隐秘的”、本乡的、习惯的、熟习的、可靠的里面跑出来的那个事物。非本乡的就不让我们安于本乡。这其中就有制胜者待着。人却是苍劲者，因为他不仅把他的本质带入如此理解的莽苍者之中，而且因为他从其早就而且大大习惯了的本乡界限里走出来，溜出来了，因为他作为强力行事者跨过了本乡的界限而且恰恰是向着制胜者的意义之下的莽苍方向走去。

为要把合唱诗讲人的这句话的整个含义摸清楚，我们必须同时深思：人是 τὸ δεινότατον，苍劲者这句话，并不是要给人加上一个特殊的特性，就像人此外还有什么别的特性一样；这句话倒是要说：是苍劲者，就是人的本质之基本特征，所有其他一切特征都总是必须划入此基本特征之内。“人是苍劲者”这一说法给出了本来的**希腊人讲的**人之定义。当我们同时体会到表象的强力并在表象对此在的本质相属关系中体会到和表象的斗争时，我们才完全登堂入室达于莽苍之境了。

在头两句诗之后并且回顾着这两句诗就说出了**第二句**有分量

的话，见360。这句诗是第二段的中心：παντοπόρος ἄπορος ἐπ' οὐδὲν ἔρχεται："出巡处处，无知无路，彼终归无。"根本的话是 παντοπόρος ἄπρος。πόρος 这个词的意思是：通道向……，过渡于……，路。人为自身向一切方面造路，冒进到在者的所有范围中，制胜者起作用的所有范围中去而恰恰是在这样做的时候被从一切通路上摔出来。这样一来，这个苍劲者的整个莽苍境界才敞开出来；不仅是他试求在者整体于其莽苍境界中，不仅是他在这样做时作为强力行事者要挣扎超出其本乡，而是他在做这一切时才变成苍劲者了，此时他是在所有的路上都走投无路才被从与本乡的任何联系中抛出来而成为苍劲者的而 ἄτη，灾祸，不幸侵袭着他。

现在我们对这句 παντοπόρος ἄπορος（出巡处处，无知无路）把 δεινότατον（强有力者）阐释成什么样子心中有数了。



这条阐释在这三句有分量的话370：ὑψίπολις ἄπολις（高出境遇，损及境遇）中就完满了。我们见到这句话就像前面的那句 παντοπόρος ἄπορος 一样是以同样的结构并以同样的方式写入相应的诗段中。然而这句话却说到在者之另外一条方向中去了。根本不是讲 πόρος，而是讲 πόλις；根本不是讲所有的路进入在者的诸范围，而是讲人本身的此在之基地与处所，是讲所有这些路之交汇处，即 πόλις。一般人是用邦和城邦来译 πόλις；此译法没有将其意义表达充分。πόλις 毋宁是指境遇，是指这个此，此在就是在这个此中并作为这个此而作为历史的此在在起来的。这个 πόλις 是历史境遇，是这个此，历史就在这个此中，从这个此中并为这个此而出现。属于此历史境遇中的有诸神，有神庙，有祭司，有节日，有演出，有诗人，有思想家，有统治者，有元老院，有国民会议，有兵力和船舰。所有这一切之所以属于 πόλις，之所以是政治的，并不是由于这一切和一个政治家和一个司令员以及和诸多国家事务取得了联系。倒是上述一切之所以是政治的，也就是处于历史境遇中，只是因为例如只有诗人，但确实是诗人，只有思想家，但确实是思想家，只有祭司，但确实是祭司，只有统治者，但确实是统治者。然而这个是却是说：作为强力行事者行使强力并在历史的在中作为创造者，作为行动者变成高出者。高出于历史境遇之中，他们同时就变为 ἄπολις（损及境遇），无城无处，孤寂，莽苍，无路于在者整体之中，同时又无规章又无限制，无建构又无资格，因为这一切又必须待他们作为创造者才建立起来。

第一道程序展示给我们苍劲者的本质之内的剖面图，展示苍劲者之起作用及其天命之范围与延伸。我们现在回到开端处去并试图进行阐释之第二道程序。

第二道程序。我们现在在上述思想的光照之下来按照诗篇的顺序去听听，人之在成苍劲者这回事是怎样开展出来的。我们将要注意，这个 δεινόν 是否并怎样被用于第一种意义中，这个 δεινόν 是否并怎样与第一种意义合一而又走出来在于第二种意义中了，这个苍劲者之在是否并怎样在上述二者的交互关系中把自身从其本质形态上建立在我们面前。

诗的第一段提到海与土地，每一样都以其方式是一个制胜者。这样提到的海与土地，当然不是指在单纯的地理的与地质的意义之下出现在我们今天的人面前，甚至还顺便以轻描淡写的心情去加过一番描绘的自然现象。“海”，这在此好像是第一次被说到而且被提到是在冬浪中，它在冬浪中以其深度经常翻上滚下。紧接在开头的这句主要箴言之后这首歌就猛然以 τοῦτο καὶ πολιοῦ这句诗开始。它唱的是冲向海浪深渊，放弃陆地。此一开场不是用明朗放光的水，而乃用冬浪。这样说此开场是符合诗词结构规律的，就像 χωρεῖ 被摆到 336 中去的情况一样，此处格律倒转过来：χωρεῖ，彼弃处所，冲出，勇投身入无边海潮的怒涛之中。这句话在这首诗的结构中犹如一根支柱。

但是土地之不平静地进入不可摧毁的起作用状态和海之强力行事的开场进入制胜者状态是混在一起的。我们注意一下此点：土地在此叫做诸神之至尊。人强力行事地打扰了生长发育之平静，打扰了无劳无虑者之营养与结果。制胜者在此不是在把自己本身都吞没了的粗野中起作用，而是作为能从一个伟大的宝藏之平静的优越性中毫不费劲毫不疲倦地导致并给出超越一切烦忙之上的不可枯竭者来的这样一个东西来起作用的。在此起作用中，强力行事者出场，年年岁岁运犁翻地并把无劳无虑者驱入其劳累不安中。这个海，这个土地，这个冲出，这个翻耕，双方都通过 334 的这个 καί融汇在一起，而 338 中的这个 τε 就符合这个 καί。

听了这些之后现在来听听相应唱段。此段提到空中的鸟群，水中的鱼虾，山中的雄牛烈马。有生命者在自身中以及在其周围中梦魂缭绕，不断涌出己限，以日新形态更新自身始终停留于其一条路中，这样的有生命者知道其夜宿与荡游的处所。如此有生命者被纳入海与土地之起作用中。人就不平常地在自己的圈子中、结构中、底子上把他的诸多圈套与网络都抛入现在这样自身滚动着的生命中，人把这个生命从其原有秩序中撕扯出来又关锁入他的苑囿与围栏中去迫其驯服就范。那边:冲出与翻耕,这边:关入与就范。

在此处即将过渡到第二诗段及其应唱段之前,有必要插入一段说明,这段说明是要防止近代人很熟悉而又很通常的对这整首诗的误解。我们已经指出过,事情根本不是要描绘与其他在者一同出现的人之行动举止及其范围,而是要讲人之在从其最边远的可能界限以内来进行的诗意的谋划。这一说明把另一种错误意见也防止了,这种意见认为这首歌是在描写人从打猎野人与独木舟船夫到城邦建设者与文化人的发展。这都是原始人类民俗学的与心理学的想法。这些想法来自把一种本身即已不真的自然科学穿凿附会到人之在上去。导致人们这样来想的根本错误在于认为历史的开头都是原始的与落后的,愚昧无知的与软弱无力的。其实刚刚相反。历史开头是苍劲者与强有力者。开头以后的情况,不是发展,而是肤浅化以求普及,是保不住开头情况,是把开头情况搞得无关宏要还硬说成了不对劲儿的伟大形象,因为这伟大形象是纯粹就数和量的意义来说的。苍劲者就在其所是之境中,因其保有这样一个开头,一切都是在此开头中从一宏量冲出进入制胜者、可胜任者中。

无法说明这种开头并不是一个缺陷,也不是我们的历史知识没有用。倒是历史知识之真为历史知识及其伟大作用正见于对此开头之神秘性质的理解中。知道一种原始历史并不就是找出蒙昧状态与搜集骨片。这件事既不是半自然科学也不是全自然科学,而是,如果它真算一回事的话,是神话学。

第一段诗以及应唱段都提到海、土地、兽,称它们是制胜者,强力行事者让这些制胜者以其全部强力闯进公开境界中来。

第二段诗，从外表上看来，是从描写海，土地，兽过渡到标出人。但是和在第一段诗以及应唱段中只是从狭义去谈自然谈得这样少一样，在第二段诗中也只是谈人谈得这样少。

倒是现在要提到的语言，领会，心境，热情以至耕种也都归属于制胜的强力者的情况并不比海与土地与兽少。区别只是，后者是围绕着人起作用，承担人，纠缠人，激励人，而前者是渗透人使其成为他特别要承担的他自己所是的这样一个在者。

这一渗透并不由于人自身将制胜者身份直接纳入其强力之内并即如此使用这一强力而使此制胜者有何损失。人这样做的时候只是使语言之莽莽、热情之莽莽都被掩蔽，其所以被掩蔽是因为人作为历史的人本来是被配置在其中的，但此时人倒觉得好像倒是他来拥有此其莽莽似的。这些力量之莽莽处于被信得过与流行情况中，但此被信得过与流行情况都是似是而非的。此其莽莽直接地只是在其非本质状态中委身于人并即如此将人从人的本质中驱逐出来了。在此情况下，根本还比海与土地更远更有制胜力的东西却在人眼光中倒变成一个似是而非的最近者了。

人在其自己的本质中竟摸不着头脑到怎样的程度，可以从他的此一意见中看出来，他认为自己是已经发明了并且能够已经发明出语言与理解，翻耕与吟诗来的这样一个人。

人怎么会发明这个渗透了他者呢？他自身根本就是赖此渗透了他者才能在成人的嘛。如果我们认为是诗人在此让人去发明翻耕与语言之类事物，那么我们就是把在这首诗歌中是讲强有力者（δεινόν），讲莽苍者忘得精光了。ἐδιδάξατο这个字不是说：人发明，而是说:人发现自身进入制胜者中并才在其中发现自己本身:行动者的强力。这个“自己本身”按照以前诗段看来同时就是指冲出与翻耕,关入与就范的那个人。

此一冲出,翻耕,关入与就范才在本身中把在者展开出来成为海,成为土地,成为兽。只有当语言的,领会的,心境的,翻耕的力量本身在强力行事之境中被掌握了的时候,冲出与翻耕才出现。诗的吟咏,思的谋划,翻耕的塑造,创建国邦的行动等等之强力行事之境并不是人所有的能力起作用的一个结果,而乃是对诸多强力的一番安顿与配置,而在者就赖此诸强力而把自身开拓成为连人也参入进来了的这样一个在者。在者之如此开拓乃是人须得掌握之以求在强力行事的境界中首先在在者之内成为人自己,也就是说成为历史的人的那股强力的作用。此处在第二诗段中被说成是 δεινόν 的东西,我们既不可以误解为发明,也不可以误解为人的单纯能力与本性。

只有当我们理解了,在语言中,在领会中,在塑造中,在翻耕中行使强力附带就把诸多道路之开路进入周围起作用的在者中去了的强力行动创造出来了(这永远就是说,端出来了),此时我们才领会一切强力行事者之莽苍。因为人这样子地出巡处处在途时,并不会像他碰上外物阻拦而不能前进那样的外形意义之下成为无路可走。他在此并即如此仍能一往直前进入无法细述的等等中。这个无路可走的情况倒是这样:当他在其诸路上走不通了,陷入所开的路中,陷入时环顾周围世界,被缠入表象中从而被隔离于在之外时,他总是在由他自己所开诸路上被挡回来。这样子他就在其自己的圈子里多方随机应变。他能够制止一切对此圈子不利的事。

他能够把任何灵巧用得其所。这个强力行事才原始地开出路来，而这个强力行事却引出它自己要随机应变的一团混乱，这个随机应变本身就是无路可走嘛。其所以是这样利害的情况，是因为这个随机应变把自身隔绝于对表象加以沉思的路子之外，从而它就折腾着自己本身。

只有在一件事上一切强力行事都马上失败这就是死。死把所有一切完成都超完成了，死把所有一切限制都超限制了。此外没有什么冲出与翻耕，没有什么关入与就范。但此一莽苍绝对而无比地归根到底超出一切习以为常之境，却不可认为死因其到底也是出现了就必须与其他一切事物并列为一个特殊事件。人在死面前无路可走，并不是当出现了丧命这回事时才无路可走，而乃经常并从根本上是无路可走的。只消人在，人就处于死之无路可走中。此在就是这样地正是出现着的莽苍之境本身。（就我们说来出现着的莽苍之境必须从开始时就作为此在被建立起来。）

在之诗的谋划与人的本质之诗的谋划就靠提出这个强力者与莽苍者来设定自己的界限。

要知道第二组应唱段并不再是还提出一些别的力量，而乃是把前已说出的一切纳入其内在的统一中。按照我们在第一道工序上取出来的东西看来，这个本来有待说出者的（δεινότατον 的）基本特征恰恰就在双关意义的 δεινόν 之一些交互关涉中。据此情况，结尾诗段就在总结中提出三回事。

1. 强力行事者的行为就在强力与强力者中活动，而这个强力与强力者就是交托给强力者的计谋，τὸ μαχανόεν 之整个范围。我们不是以一种轻蔑的意义来用“计谋”这个词。我们用此词时是想

着 τέχνη 这个希腊字表达出来的本质意义。τέχνη 的意思既不是艺术,也不是技巧,更不是现代意义的技术。我们用“知”来译 τέχνη。但是此译需要解释。此处知不是指对以前未被知的现成事物作单纯判定的结果。这样的知识永远只是附属品,虽然就知说来也是一种不可少的附属品。就 τέχνη 的真义说来,知是一开始就而且经常要看出随便什么正好现成的事物之外去这回事。此一在出去就以各种方式,从各种道路上并在各种领域中预先把这件事开动起来,这件事才对已经现成的事物给出其合情合理的权利,给出其可能的规定性,从而给出其界限。知是在之能够开动起来作为一个如此这般的在者起作用。因此希腊人把本真意义的艺术和艺术品以强调的方式称为 τέχνη,因为艺术将这个在,也就是说这个在自身中现象这回事,最直接地在一个在场者中(在作品中)安定下来。作品是作品,首先并非因为它是作出来的,造出来的,而是因为它在一个在者中导致在。此处导致的意思就是带入作品而发动作用,在此作品或作用中,也就是在这一显现者中,起作用的升起者,即 φύσις 就得以闪耀。通过这个就是在着的在的艺术作品,其他一切现象者以至碰到者才作为在者或者也作为不在者被证实了并可找到了,可说明了也可理解了。

因为是一种特别标明的意义之下的艺术把在发动起来作为在者安定下来并显露出来,这个艺术因此就不折不扣地是作为能够开动起作用,作为 τέχνη 起作用了。这个开动就是导致在在者中敞开。这个有压倒优势的导致敞开与导致保持开放就是知。这个知之热情就是追问。艺术就是知因而就是 τέχνη。艺术之所以

是 τέχνη,并非因为需要一些“技术的”熟练,工具与原材料来完成它。

这个 τέχνη 就这样把这个 δεινόν,这个强力行事者就其起决定性的基本特征标明出来了;因为强力行事就是行使强力来反对制胜者:以前封闭着的在凭知来奋斗而进入现象者进入在者。

2. 就像这个 δεινόν 作为强力行事将其本质归结为 τέχνη 这个希腊字一样,这个 δεινόν 作为制胜者又在 δίκη 这个希腊字中显露出来。我们用合式来译这个字。此处我们首先是从弥合与接合的意义去理解合式;再则把合式理解为搭配,理解为安排,即使制胜者起它的作用的安排;最后把合式理解为搭配的接合,这种搭配的接合却逼得出适应与顺从来。

如果人们用“正义性”来译 δίκη,而且是从法律道德意义去理解它,那么这个词就丧失了它的形而上学根本含义。同样的情况也出现于把 δίκη 解说为规范时。这个制胜者在其所有的领域中所有的力量中就其强有力看来都就是这个合式。这个在,这个 φύσις,在起作用时就是原始的集中点:λόγος,就是起搭配作用的合式:δίκη。

这个 δεινόν 作为制胜者(δίκη)和这个 δεινόν 作为强力行事者(τέχνη)就这样相互对立着,当然并不是像两个现成的东西那样对立。此一对立倒是这样的情况:这个 τέχνη 冲出来对着这个 δίκη 冲去,而这个 δίκη 却在它那方面作为合式而拥有一切 τέχνη。就是这个起交互作用的对立在。此情况只有当人作为历史而存在并活动着而苍劲者,人的在,出现时才在。

3. δεινότατον 的基本特征寓于 δεινόν 的双关意义之交互牵涉中。有知的人进入此合式之境当中,把这个在撕(在"裂缝"中)入这个在者中,但却绝不能掌握这个制胜者。因而人就在合式与不合式之间被抛来抛去,在卑劣的与高贵的之间被抛来抛去。每一次对强力者的强力行事的安顿都不是胜利就是失败。两方都以各不相同的方式从本身状态中奔出来并且才以各不相同的方式摊出或是取得在或是失去在的险境。两方都各不相同地被衰败威胁着。强力行事的人,创造者,溜到未被说出者中,闯进未被思及者中,强逼未出现者,还使未被察者现象,这个强力行事者随时都处于冒险(τόλμαν,371)中。当人冒进去掌握在的时候,他必得由着冒险来临碰上不在者,μὴ καλόν,之冲撞,碰上互相拆散,碰上不常住,碰上不接合与不合式。历史的此在之巅峰越高耸,突然跌落陷入非历史中的深谷就越阴沉,此非历史只还在无出路又无定所的迷乱中挣扎。

来到第二道程序末尾处了,我们就想问之,还有什么第三道。

第三道程序。这首歌之决定性真理已在第一道程序上被指出来了。第二道程序已带我们通过了强力者的以及强力行事者的一切重要领域。这篇结尾诗段完成把全诗含义镶入苍劲者的本质中的工作。似乎只还有一些细节仍需注意并稍加解说。假如是那样,这却只会是对迄今所说者的一点补充,绝不是要求对阐释加一道新的程序。如果我们仅限于对诗中所说者加以解说,那么阐释确已结束了。然而阐释在此结束处又刚才开始。本真的阐释必须把不再形诸文字但却被说到了的那些含义展示出来。这样做时阐释就必然需要行使强力。本真的内容要到科学解释发现不了,又超越了科学禁区而被谴责为非科学的之处去找。

但是我们既然必须仅限于讲选出来的这首歌，我们在此对这第三道程序只能从一种确定的看法按照我们本来的任务去冒进几步。我们靠想着第一道程序上所说的，就第二道程序上对结尾诗段作出来的解说着手进行。

δεινόν 之 δεινότατον，莽苍之苍劲者，处于 δίκη 与 τέχνη 之交互牵涉中。苍劲者不是莽苍中逐渐上升的最高级。苍劲者按其生态说来乃是莽苍中惟一无二类。在制胜的在者整体和人之强力行事的此在交互牵涉中会导致跌落入无出路与无定所中的可能：厄运。这个厄运以及堕入厄运的可能性却不是到结局时才出现，好像强力行事的人在一次个别强力行事中行不通以及搞错了才会出现；这个厄运却是起着作用而且从根本上在制胜者和强力行事者的交互牵涉中等待着。如果这个在作为其起本质作用者，作为 φύσις，作为起来主宰的力量而起着作用，那么针对着在之超强力的强力行事就不得不在此超强力面前粉碎。

但此一粉碎的必然性只能在必然粉碎的事物被强求于这样一个此在中时才存在。人却是被强求入这样一个此在中，被抛入这样的在之急需中，因为制胜者作为这样一个在，为要现象出来起作用，就需要敞开的定所来在。从此一被这个在本身所强求的急需来理解，人的在之本质才向我们敞开出来。历史的人之此在，这就是说：安心当粉碎机，在之超强力冲到这粉碎机中来现象，从而此粉碎机本身也在在身上粉碎。

苍劲者（人）是其所是，因其所是者之所以从根本上只促进并照管着本身状态，只为了从其中冲出去又让制胜之者冲进来。这个在自身就把人抛入这个带走过程的路途中，这个带走过程迫使人超出人自身之外远走成为溜出去归入在，以便这个在开动起来从而在者整体也敞开出来。因此强力行事者不讲善意与慰问（通常意义的），不提成就与效果以及确认之来进行安抚与安慰。在这一切中强力行事者作为创造者只看到完成之假象，他蔑视这个假象。在愿见闻所未闻之事中，他视一切帮助如敝屣。没落在他看来就是对制胜者的最深最广的肯定。在将成果粉碎时，在他知此成果乃一桩不合式而且是那个 σάρμα（垃圾堆）时，他就把制胜者交付给其合式了。然而这一切都不是以创造者的灵魂在其中辗转反侧的“灵魂体验”的形式，更不是以更小气的自卑感的形式，而惟独是以在之开动本身的方式，来做的。**作为历史**而有作为地确认本身的制胜者，就是这个在。

历史的人之此在是为打开在者中开动起来的在而设的粉碎机，起这个粉碎机作用的历史的人之此在就是一番**意外事件**，在此意外事件中，在之脱羁的超强力之诸力就突然发动起来并起作用而成为历史。关于此在之此突然性与惟一性希腊人已有一番深刻体会，是这个在本身迫使他们深入此体会的，而此体会内容本身又作为 φύσις 与 λόγος 与 δίκη 显示给希腊人了。一直令人不可思虑的是，希腊人自命为他们会为后世几千年的西方创造文化。因为希腊人在其此在之惟一的急需中惟一地只行使了强力并即不是消除了此急需，而只是增强了此急需，他们就为自己本身闯出了真正历史的伟大之基本条件来了。

这个如此被体会到的而且诗意地被追溯到其根底处的人的在之本质，如果急急忙忙地去争取得到随便一些评价的庇护，那么就此本质的隐秘性质看来，它将一直被拒于被领会之门外。

把人的在评断为带轻蔑意义的狂妄自大，这就把人从其本质之需要中揪开来，即从需要去做意外事件这回事扩大开来了。这样的评价是把人断为现成的东西，把这现成的东西摆进空场里并按照随便一些就外形来拟定的价目表来评价这东西。但同属于这种错误理解之类的也有这种意见：诗人之说，其实就是对此人的在之一番没有说出口的拒绝，就是要隐约推荐一种既无强力的谦逊，其意义就是要养护其不受惊扰的安闲自在。这意见甚至可能靠诗歌的结尾来确认其有理。

这样一个在者（即指苍劲者）要和亲与家都无涉。合唱诗的末段却与此诗以前关于人的在所说的并无矛盾。只要是这首合唱诗针对着苍劲者说话的时候，这首诗就说，这种在法不是日常的在法。这样的此在不能从随随便便的忙活与举止之习惯状态中拣出来。这首结尾诗无何可大惊小怪之处，倒是如果没有这段诗，我们就不能不吃惊了。正是在这段诗的抗拒姿势里，人的本质之莽苍境界得到直接而完满的证实。这首诗歌之说就以这段结尾诗飘飘然回到其开端处。



然而这一切和巴门尼德的说法有什么关系？巴门尼德全未说到莽苍境界。他只说了讯问与在之相属关系几乎是说得太无诗意了。为相属关系意指什么这个问题，我们拐到对索福克勒斯的阐释中来了。这样做给了我们什么帮助？我们却不能干脆就把它搬到对巴门尼德的阐释中来嘛。当然不能。但我们必须回想到诗的说与思的说之原始的本质联系，特别是像在这里是在讨论一个民族的历史的此在之从开始就是诗的思的建立与促成时更必须回想。然而越出这个一般的本质牵连之外，我们立刻碰到这个诗与这个思之一个确定的在内容上共同的特点。

在第二道程序中在概括结尾诗段的意思时故意把 δίκη 和 τέχνη的交互牵涉点出来了。Δίκη 是起制胜作用的合式。Τέχνη 是知之强力行事。二者之交互牵涉就是莽苍境界中出现的情况。

现在我们主张：巴门尼德的说法中说到的 νοεῖν（讯问）与 εἶναι（在）的相属关系不是别的，正是这个交互牵涉。如果这一点摆明了，那么从前的此主张就证明是对的：这个说法是最先把人的在之本质界说清楚的而且不是以随便一种看法来碰巧把人讲出来。

为证明我们的主张，我们先坚持两条一般考虑。然后我们试图对此说法作个别的阐释。



在诗意地说出来的 δίκη 和 τέχνη 的交互牵涉中，δίκη 是为在者整体之在而登场的。在时间顺序上我们早在索福克勒斯之前就在希腊人之思中碰到此词的这种用法了。流传给我们的最早的说法，阿那克西曼德的说法，就说到与 δίκη 本质相属的在。

赫拉克利特在确定关于在的本质情况之处，也同样提到 δίκη。残篇 80 开始写道：εἰδέναι δὲ χρὴ τὸν πόλεμον ἐόντα ξυνόν καὶ δίκην ἔριν……，“需要看清的是，互相分开作为合在一起在场并且合式作为交互对峙者在场……”。Δίκη 作为搭配的接合就归属在交互对峙的互相分开中，φύσις 就作为这样交互牵涉的互相分开而生起，让现象者表象（在场）并即如此作为在存在并活动着（参看残篇 23 与 28）。

到底巴门尼德本人仍然为把 δίκη 这个词思的用于说在中是一个标准的见证人。Δίκη 在他的诗中是女神。女神掌管着通向日与夜的大门的交互开关的锁钥，也就是通向(亮真的)在，(伪装的)表象与(关闭的)无的诸路的锁钥。这意思是说：只有当在之合式被维护住并保持着的时候，在者才亮开出来。这个在作为 δίκη 就是通向在者起动进行接合的锁钥。Δίκη 的此一意义可以毫不含糊地从巴门尼德的《说教诗》中三十句开场诗句中读出来，这些诗句是作为整体传给我们的。这样就清楚了：诗的说到在与思的说到在都是以 δίκη 这同一个词来提到在，也就是说促成在与界说清楚在。

此外仍须一般地引述来证实我们的主张的有如下者。以前已经指明过，在者如何在讯问中即在听取的尊重中作为这样一个在者被打开出来并如此显露于无蔽状态中去。τέχνη 向着 δίκη 冲过来就诗人看来就是出了那件事，在这件事中人就变成非本身情况了。在如此走出本身状态之外来时本身状态也才显露为这样的状态。但也是而且只有是在这回事中，令人惊讶者，制胜者才作为这样一个制胜者显露出来。在者整体就是这样在莽苍境界出现的情况中敞亮出自身。此一敞亮就是无蔽状态出现的事。此一敞亮无非就是莽苍境界出现的情况。

我们要应声说，这肯定对这个诗人所说的都适用。然而我们在巴门尼德的平淡的说法中没有看到的，是已标明出的莽苍境界。

因而现在要做的事是，把思之平淡内容在其真的光亮中摆出来。要这样做，就得通过对此说法作出个别的阐释。我们说在前头：如果讲清楚了讯问在其与在的相属关系中是行使强力这样一回事而且在强力行事时就是一种急需而且作为急需就只在一种（在 πόλεμος 与 ἔρις 的意义之下的）斗争的必然性中才讯问得起来，再则如果在证明此点的过程中又讲清楚了讯问鲜明地是处于与逻各斯的联系中而且这个逻各斯表明就是人的在之根基，那么我们关于思的说法与诗的说法的内在亲缘关系的主张就获得它的根据了。

我们指出三件事：

1.讯问不单纯是发生的事情，而乃是决定。

2.讯问处于一种结合逻各斯的内在本质共同体中。逻各斯是一种急需。

3.逻各斯建立起语言的本质。逻各斯这样做时是一场斗争而且是在者整体中的人之历史的此在得以建立起来的根据。



对1。如果我们仅只避免把讯问和运思甚至和判断混同起来，我们就还没有把νοεῖν，把讯问从其本质上理解透。前已指出讯问是为在者之现象出来采取一种接纳态度，这意思不是别的，就是一番独特的开拔到一条特殊的道路上去。但此中有此情况：讯问是穿过三岔路口的通道。讯问要做到这一步，只有当讯问从根本上就是为在与无相对从而和表象互相分开的决定力量时才做得到。这样带根本性的决定却必须在进行中与在持久中都反对着经常涌来的纠缠在日常生活与习惯事务中行使强力。这样起决定作用的表达到通向在者之在的道路上去强力行事，就把人从其总是最切身而惯常的本身状态中开动出来了。

当我们理解讯问是这样一套开动出来的功夫的时候，我们才免于陷入迷乱，去把讯问误解为人的随便一种行为，误解为人的精神能力之一种自动行使，甚至误解为偶尔出现的灵魂活动。讯问倒是从惯常行事中而且反乎惯常行事才争取到的。讯问与在者之在的相属关系不是自行形成的。提到这个相属关系并非单纯判定事实，而是指到那个斗争中去了。说法之平淡是一种思的平淡，平淡虽平淡，承认的理解之严格却构成激情之根本形态。

对2。以前我们参考了残篇6，以求看清三条道路彼此之间的区别。当时我们已回到第一句诗作更详细的阐释。在此期间我们对这句诗又采取另一种读法和听法：χρὴ τὸ λέγειν τε νοεῖν τ'ἐὸν ἔμμεναι。我们当时已经翻译过："不能不这样说也这样讯问：在者(是)在。"我们看见：此处 νοεῖν 与 λέγειν，讯问与逻各斯，是共同提到了。此外是把这个 χρή摆在诗句开头来强调。"必需讯问和逻各斯"。这个 λέγειν 是与讯问一同被提到作为同一性质出现的事。这个 λέγειν 甚至被提到在先。此处逻各斯的意思不能是作为在之合式的集中，而必须是指与讯问合一的那个(人的)强力行事，通过此强力行事这个在才被集中于它的集中状态中。必需是采集，是归属于讯问的采集。两者都必须是"为在之故"而出现。采集在此是说：在散落入非永久性之境的情况中抓住自身，从迷乱中又截获自身进入表象。但此还是退却状态的采集，只有通过成为复归状态而驱使在者昂然挺立入其在之集中状态中去的采集才能实现。在此逻各斯就是这样作为采集而挤入必需之境而又和作为在(φύσις)之集中状态的逻各斯分清彼此。这个 λόγος 作为采集，作为人之集中自身入于合式中，就把人的在第一步安置入其本质中

并即如此将其摆入非本身状态中，而此时其本身状态却是被习惯的，通常的与庸俗的表象支配着的。

还须追问一下，为什么这个 λέγειν 被提到在这个 νοεῖν 之前。回答是：这个 νοεῖν 是从这个 λέγειν 中才获得它的从采集起来承认了的本质。

西方哲学一开始时就这样来规定人的在之本质，这却不是靠随便拣几条在别于其他生物的“人”这种生物身上的特性来这样办的。人的在是从对在者作为这样一个整体的关涉中来规定自身的。人的这个本质在此显示为关涉，这个关涉才把在向人敞开出来。人的在是必需讯问与采集的，于是一定要进入接受 τέχνη 的自由中，进入在之有知的开始起来的自由中。这就是历史。

从作为采集的 λόγος 的本质中就为 λέγειν 的性质得出一个本质的结论。因为 λέγειν 作为如此确定的采集是关涉到原始的在之集中状态上去的，但因为在就叫做：进入无蔽境界，所以这个采集行动就有敞开之根本性质，就有使公开之根本性质。λέγειν 就这样进入与掩盖和隐蔽的鲜明而尖锐的对立。

这一点由赫拉克利特的一种说法直接而毫不含糊地讲出来了。残篇 93 说：“那位在德尔斐发神谶的大神，οὔτε λέγει οὔτε κρύπτει，不采集，也不隐蔽，ἀλλὰ σημαίνει，而是暗示。”采集在此就与隐蔽对立。采集在此就是去蔽，就是使公开。

在此看来可以提出这个简单问题：λέγειν，采集，这个词，如果不依据它对在 φύσις 的意义之下的 λόγος 的本质联系的话，又从哪里能够得到与隐蔽相反的使公开（去蔽）的意思呢？起来起展示自身的作用就是无蔽境界。按照这种关系说来，λέγειν 就意味着：把无蔽者建立为这样一个无蔽者，把在者在其无蔽状态中建立起来。λόγος 就这样不仅在赫拉克利特处，而且还在柏拉图处具有δηλοῦν，使公开的性质。亚里士多德把 λόγος 之 λὲγειν 标明为 ἀποφαί-νεσθαι，使其展示自身（参看《存在与时间》第七节与第四十四节）。这样把 λέγειν 标明为去蔽与使公开，就比恰恰在柏拉图和亚里士多德处那使逻辑学成为可能的对 λόγος 的规定已开始衰落更加强烈地证实了此处的规定之原始性。自此以后，也就是说自两千年来，在 λόγος，ἀλήθεια，φύσις，νοεῖν 与 ἰδέα 之间的这些关系都被隐藏并掩盖在不可理解的情况中。

但一开始就出现这个情况：λόγος 是起公开作用的采集，作为这个采集的在就是有 φύσις 的意义的合式，而 λόγος 作为起公开作用的采集就成为历史的人的本质之必需品。为要懂得这样理解的 λόγος 是怎样来规定语言的本质以及 λόγος 是怎样变成为言谈而取的名称，只须从此处跨前一步就行了。人的在按其起揭开历史的作用的历史本质说来就是 λόγος，就是在者的在之采集与讯问，就是那个苍劲者的事件，在此事件中制胜者就通过强力行事而出来现象并被置于常住。但从索福克勒斯的合唱诗《安提戈尼》中我们听说了：与显现于在中同时出现了置身于言词中，语言中。

在追问语言的本质这个问题上，总是一再涌出追问语言的起源的问题。人们总是从一些古怪的途径去追求一个答案。对追问语言的起源的问题的第一个有决定意义的答案也在这里：这个起源始终是谜；并非因为自古迄今人都不够狡猾，而是因为所有的狡猾与精明在亮出本事以前就已经落空了。谜的性质就属于语言的起源之本质。但此中的情况是:语言只能从制胜者与莽苍中开起头来,把人显露入在中去。在如此显露中,语言作为在之成词已是诗作了。语言就是原始诗作,一个民族就在原始诗作中吟咏这个在。反过来一个民族赖之进入历史的伟大诗作才开始去塑造此民族的语言。希腊人赖荷马创造并掌握了如此诗作。语言就对希腊人的此在公开了,使其显露入在中,使其对在者起敞开的塑造作用。

据说语言就是逻各斯,就是采集,此说其实完全不是不言自明的。但是我们对如此把语言说成是逻各斯是从希腊人的历史的此在之开端处理解来的,是从一个基本方向中理解来的,在此方向中,在才向希腊人敞开自身而希腊人也把这个在放在在者中定下来。

言词,命名,都是要把从要直接制胜而涌入其在中去的敞开了的在者安顿下来并使其保持在老老实实,一清二楚的安定状态中。这种命名并不是事后来为一个早已公开化的在者配上一个标记与一个记号,所谓言词,而是倒过来:这个言词是从它要把在敞开成为单纯的符号这样一番原始的强力行事的高空中降下来,而且是这么个降法:这个符号然后硬挤到这个在者前面去开道。在原始的说中,在者之在被敞开于其集中境界之接合中。此一番敞开又被集中在第二层意义中,按此第二层意义言词就把原始地已集中者保持着并即如此掌握着起作用者,掌握着 φύσις。人作为处于逻各斯中,处于采集中的行事者,就是采集者。人承担了并完成了对制胜者之起作用这回事的掌管。

但是我们知道：这样强力行事的是苍劲者。为要 τόλμα，冒险之故，人必然碰上卑劣的事一如碰上顺境与高贵的事。凡是语言作为行使强力的采集，作为对制胜者的安顿以及作为收容来说话之处，在此也只有在此必然也有自由自在和损失。因而语言作为发生的事情立刻也总是废话，不敞开在却掩盖在，不采集成接合与合式却散乱成不合式。逻各斯之作为语言不是自身做成的。这个 λέγειν 是必需：χρὴ τὸ λέγειν，不能不采集着承认在者的在。（这个不能不是从哪里逼来的？）

对 3。因为语言的本质是在采集在之集中状态时被发现的，因此只有当说和听都涉及就是有在之意义的集中状态的逻各斯时，成为日常谈话的语言才达得到它的真理。因为在这个在及其接合中，在者已经原始地并标准地仿佛已经预先是一个 λεγόμενον 了，被采集到了，被说到了，被朗读到并被讲出来了。现在我们才了解巴门尼德的那个说法处于其中的那个完满联系，按照此一说法讯问就是为在之故而出现的。

这段话是（Ⅷ，34—36）：

“讯问与讯问为之而出现者是归属在一起的。因为你绝不能遇到一个讯问是没有它（这个在）在其中已被说到的那个在者的。”参入到逻各斯上去成为 φύσις，就使 λέγειν 成为起承认作用的采集，但又使讯问成为起采集作用的讯问。所以这个 λέγειν，为要使自身一直是被采集的，就不能不从一切只是信口开河，耍嘴皮子以至能言善辩抽身回来。所以我们也在巴门尼德处发现 λόγος 和 γλῶσσα（议论）之尖锐对立（残篇Ⅶ，3）。这一段话和残篇 6 开头的话一致，都是说到关于走上通到在的第一条无可避免的道路的事：不能不把自身采集到在者的在上去。现在谈到对走上进入表象的第三条道路上去的指示了。这第三条道路通过一直也处于外表假象中的在者来指引向前。假象是惯常的假象。因此有知的人就不得不经常从这条道路抽身回来进入在者的在之 λέγειν 与 νοεῖν 中去：

> "而你不要让相当险恶的习惯把你迫上这条道路
> 陷身于目瞪口呆的凝视与纷扰嘈杂的耳闻
> 以及花言巧语中，而须断然作出决定，当你
> 会心于被采集为一，
> 面向我所告你
> 诸多抗争时。"

Λόγος 在这里是和决定把采集贯彻到在之集中境界上去的 κρίνειν，断然态度最紧密地联结着的。这个有所选拔的"读"就促成并承担着对在之追逐与对表象之斥拒。在这个 κρίνειν 的含义中就一同跃动着：选拔，突出，定级。

在指明这三个层次之后，对这套说法的阐释就已达到这样远，以至于可以看出：巴门尼德在实际上也是从根本上看到这个逻各斯来行动的。这个逻各斯就是一个必需而且在自身之内就行使强力去斥拒要嘴皮子与散乱。这个逻各斯作为 λέγειν 就与 φύσις 相对立。在此一分离中逻各斯就以采集所发生的情况的形式成为建立人的在的根基。因此我们可以说：在这套说法中才首先完成了对人之本质的有决定性的规定。人的在就是这么一回事：采集，通

过采集去承认在者的在，靠知去把现象开动起来，这三者接受并即如此掌管着无蔽状态，保持其不遭隐蔽与掩盖。

这样就在西方哲学一开始时已显然可见，追问在的问题如何必然包括建立此在。

在与此在的此一联系（以及相应的追问此联系的问题）都是靠认识论问题的提法根本达不到的，靠从外形上去断言任何一种对在的看法都取决于这样的对此在的看法，也一样根本达不到。（如果再说追问在的问题不仅寻求在者的在，而且寻求在在者的本质中的在本身，那么就更加而且强烈地需要一套由这个问题出发来导引的建立此在的办法，这套办法因此而且惟有因此才给自己取了“基本本体论”的名称。参看《存在与时间，导言》。）

这样开始时就把人的在之本质敞亮出来了，我们认为是起决定作用的。不过成为伟大的开端的这件事没有被保持并坚持下来。它有过完全是另一回事的后果：那条把人说成是理性的，生物的定义在西方后来流行起来而且到今天也在有统治地位的意见与态度中毫不动摇。为要把这条定义和开始时是把人的在之本质敞亮出来这回事的差距搞得显明可见，我们可以把开端与末尾用公式来加以对比。末尾显示在这个公式中：ἄνθρωπος＝ζῷον λόγον ἔχον：人，有理性作为装备的生物。我们把开端归结在一条自由形成的公式中，这条公式同时也总结了我们迄今为止的阐释：φύσις＝λόγος ἄνθρωπον ἔχων：这个在，这个起制胜作用的现象，需要那占有并建立人的在的采集。

那边，在末尾，固然还有一点逻各斯和人的在之联系的残余，但这个逻各斯早已外在化为知性与理性之一种能力了。这种能力本身是建立在特种生物的现成状态上，建立在ζῷον βέλτιστον，最高级的动物身上(克塞诺芬尼)。

**这边**，在开端，倒过来是人的在建立在在者的在之敞亮出来中。

在习惯的与占统治地位的定义的视野中，在受基督教定调的近代的以及今天的形而上学、认识论、人类学与论理学的视野中，我们对这套说法的阐释不得不给人印象是一种任意曲解，是把一种“精确的解释”绝不能确定的内容穿凿附会而成的解释。这说得对。在今天习以为常的看法看来，此所说者在实际上都只是那已变为成语俗套的海德格尔的阐释办法之强词夺理与片面偏激的一种结果。然而在此可以而且必须问问：哪一种阐释才是真阐释，是单纯接受其进行理解时已落入其中的自命为流行而且理所当然的视线的那种阐释呢，还是从根本上对习惯的视线提出疑问，因此视线可能是而且实际上就是全然不指向有待于视之**处**的那种阐释呢？

当然——放弃流行的看法与回到源头的阐释都是一跃。只有起跑对头的人才能跃。一切都决定于这起跑；因为这起跑意味着，我们自己再来**追问**这些问题并且才在这些问题中摸索出视线。然而这件事不会在任意浮想联翩中出现，也不会在固守一种自命为规范的体系中出现，而是在而且从历史的必然性中，从历史的此在之必需中出现。

Λέγειν 与 νοεῖν，采集与讯问，都是**反着**制胜者的一种必需与一种强力行事，可是在此情况中也总是只**为着**制胜者的。于是在此行使强力面前的强力行事总是不得不一再被吓得向后退，可是又退不了。在这样吓得后退却又胜任愉快中就不能不在有些时刻闪出这一可能性，就是即使在作为 λόγος，作为相反者之集中而起来起作用的在硬是与隐蔽状态相持不下从而任何现象都不可能出现的时候，制胜者之完成任务还是最有把握而且完满地争取到。苍劲者之强力行事本来就有这样的高傲大胆（这其实是最高赞誉）：在面对现象的要求而任何公开功夫都不灵的时候还要将此现象要求完成制胜，苍劲者即使在现象之场所仍然对他的全能封闭着时也是有办法办到的。

这样面对着在而又公开不灵，就此在说来，不是别的，却意味着：放弃其本质。放弃本质就要求：从在中出来却绝不进入此在中去。这样的话又由索福克勒斯在悲剧《奥狄浦斯王》1224 的一首合唱诗中说出来了：μὴφῦναι τὸν ἄπαντα νι/κᾷ λόγον：“从不曾进入此在中去，这样就战胜在者整体之集中状态。”



从不曾接受此在，μὴ φῦναι，是就人说的，是就在本质上是和 φύσις 一起被聚集起来作为其采集者的人说的。此处 φύσις，φῦναι 是就人之在来使用，而 λόγος 却是在赫拉克利特的意义之下的作为在者整体之起作用的合式。这个诗意的话道出了此在对在及其敞开之内在关涉，同时提到对在的最遥远处，非此在。此处展示出此在之苍劲的可能性：在反乎自己本身的最高强力行事中突破在之超强力。此在有此可能性不是作为空洞的出路，而乃只要此在在起来，此在就是此可能性；因为此在作为此在就必须在一切强力行事中为这个在而心力交瘁。

这看起来像悲观主义。但用这个名称来称呼希腊人的此在却不对头。不是因为希腊人根本是乐观主义者，而是因为此一评价对希腊人的此在根本不对题。当然希腊人曾是比世间任何一个能是悲观主义者的人更悲观。但希腊人也曾是比任何一个乐观主义者更乐观。希腊人的历史的此在还处于悲观主义与乐观主义的此岸。

两种评价都以同样的方式事先就把此在看成是做生意，不是一个坏生意就是一个顺利的生意。这样的观世界在叔本华的名句中也表达出来："生命是做不够本的生意。"这句话不真，并非因"生命"到底还是够本的，而乃因为生命（作为此在）根本就不是做生意。诚然几千年来生命变成这样了。此所以希腊人的此在对我们始终也这样陌生。

非此在是对在的最高胜利。此在是反乎在的强力行事之消沉与复振所经常必需的。其经常必需的情况是，在之全能强使（照字面取义）此在成为它现象的场所并把此在作为此场所维系着贯彻着而且由此把此在扣留在在中。

一场 λόγος 和 φύσις 之分离出现了。但这还不是逻各斯之出走。这是说：逻各斯对在者的在还没有对立到这一步，而且和在者的在还不这样"对立"的，以至于逻各斯使自己本身（作为理性）成为对在的会审法官并且承担与主管着对在者的在之规定。

这种分离只有通过下列情况才出现：逻各斯终止了它开端时的本质，而此时即为 φύσις 的在也被掩盖并误解了。此事的后果是人的此在跟着变了。这段历史是我们长远以来身处其中的，这段历史的缓慢结果就是作为 ratio（既是知性又是理性）的思对在者的在之统治地位。从此开始出现"理性主义与非理性主义"之间的对台戏,直到此刻还在以一切可能的掩饰并在诸种最矛盾的名目之下演出。非理性主义只是理性主义之明显的弱点与完全的失败,因而自身就是一个这样的理性主义。非理性主义是从理性主义中逃出的一条出路,这条出路却不引向自由,而只更多地缠结到理性主义中去了,因为此时唤醒了一种意见,认为理性主义只消通过说不就被克服了,其实它现在只是更危险了,因为它被掩盖而更不受干扰地唱它的戏了。

叙述思(作为逻辑之 ratio)完满形成其对在者之在的统治地位的内在历史,不属于这门课的任务。只要是我们自身还没有从我们的历史中以及为我们的历史把自己追问的力量在其现今的世界时刻激发起来的时候,这样的叙述始终是发挥不了任何历史的有效力量的,且不说还有些内在困难了。

必须一提的倒是,怎样由于开始时的 λόλος 与 φύσις 之分离演变成逻各斯之那一出动。逻各斯的这一出动就变成树立理性的统治地位的出发点了。

逻各斯的此一出动及其成为对付在的会审法官之酝酿过程都还出现在希腊哲学范围之内。它甚至还规定着希腊哲学的结尾。我们摸透了希腊哲学是西方哲学的开端,但只有当我们把此开端同时理解为开端的结尾时才摸得透;因为这个而且只有这个开端的结尾才变成了后代的"开端",而且是这样变成的:这个开端同时把开端的开端掩盖住了。但是这个伟大的开端之开端的结尾,柏拉图哲学和亚里士多德哲学,始终是伟大的,即使我们对其对西方的影响之伟大还全未计也是伟大的。

现在我们问：逻各斯之出动及其对在之优先地位是怎样来的？在与思之区分的有决定性的形成是怎样出现的？这段历史在此也只能以粗线条画出来。我们做此事时是从结尾出发并且问：

1. φύσις 与 λόγος 的关系在希腊哲学结尾处，在柏拉图和亚里士多德处，是什么样？在此处 φύσις 是怎样被理解的？λόγος 接受了什么样的形态与角色？

2. 是怎样达到这个结尾的？此变化之本真根由何在？

对 1. 在结尾时为在（φύσις）安排了一个标准而专擅的名字 ἰδέα，εἶδος，“理念”。自此以后把在阐释为理念就支配着全部西方思想贯穿其变异的历史直到今天。这件事在渊源上也自有其根据，即在西方思想的第一段之伟大而已成定局的结束处，在黑格尔体系中，现实事物的现实性，即绝对意义的在，被理解为“理念”并被强调地如此称呼。然而柏拉图把 φύσις 阐释为 ἰδέα，这又是什么意思？

在第一次把希腊人对在的体会标明出来的时候所列举的其他名称之外还提到 ἰδέα，εἶδος。如果我们直接碰上黑格尔哲学或其他随便一位近代思想家或中世纪经院哲学家而且到处都遇见用“理念”来指称在，那么，如果我们不做过场而讲老实话，这件事基于流行的想法是不可理解的。反之，如果我从希腊哲学的开端一直跟着走过来，我们就理解这回实事了。那么我们立刻就可以衡量把在阐释为 φύσις 与把在阐释为 ἰδέα 二者之间的差距。

ἰδέα 这个字的意思是指在看得见的东西身上所看到的，是指有点东西呈现出来的外貌。被呈现出来的东西总之都是外观，是

迎面而来的东西之 εἶδος。一件事物的外观就是这件事物赖以显示自身于我们面前的样子，表现自身并即如此处于我们面前的样子，赖这个样子并即以这个样子在场，也就是希腊意义的在。这个处于的处就是由自身站起来的样子之常住，φύσις 之常住。这个常住者之处于此，却同时从人方面看起来就是从自身来在场者之显著之外，就是可承认者。在外观中，在场者、在者都安处，于其是什么与是怎样中。它被承认了并被接收了，成为一种接受之所有，成为其所有物，成为在场者之可以支配的在场：οὐσία。于是 οὐσία 就可以有两层意思：一个在场者之在场和这个在场者在其外观之是什么中。

以后出现的 existentia（存在）与 essentia（本质）的区别之起源就隐藏于此。（如果竟不假思索地从传统中把流行的 existentia 与 essentia 的区别干脆捡过来，那就绝看不见 existentia 与 essentia 连同其区别究竟是怎么样从在者之在中突出出来，以便标明在者的在。然而如果我们把 ἰδέα〔外观〕理解为在场，那么这个在场就在双重意义中显示为常住。一层意义是在外观中就有从无蔽状态中站出来这回事，此即单纯的 ἔστιν。另一层意义是在外观中展示着有外观者，安处者，此即 τί ἐστιν。）

这个 ἰδέα 就是这样构成在者的在。但 ἰδέα 与 εἶδος 在这里是被用于一层引申的意义中，不仅是肉眼可见者，而且是一切可承认者。随便一个在者是什么，这个什么就处于其外观中，这个外观却把这个什么显示出来（让在场）。

但是我们会问，这样把在阐释为 ἰδέα 那就不真是希腊原义了吗？此一阐释非如此阐释不可的来源却是，在被体验为 φύσιs，为起来起作用，为现象，为处于澄明中。这个在现象中的现象不是它的外观，ἰδέα，又是什么呢？把这个在阐释为 ἰδέα 与阐释为 φύσιs 要相距多远呢？如果希腊哲学流传几千年都是在柏拉图哲学光照下来看此哲学，这个传统不就是全对的吗？由柏拉图把这个在阐释为 ἰδέα 殊少从开端脱离甚至脱落的情况，反而是把这个开端更展开了，理解得更精细了而且用“理念学说”讲出道理来了。柏拉图哲学是这个开端之完成。

事实上无法否认，把这个在阐释为ἰδέα就是从这个在就是φύσιs这一根本体验中得出来的。我们说此一阐释乃是从表象起来的这个在之本质中必然得出的一个结论。此中却无什么从开端脱离甚至脱落可言。肯定无。

但是如果是本质结论的东西本身被提升为本质了而且取代了原来的本质，那又是什么情况呢？那就真是脱落了，而且此脱落还不得不自食其果。事实也应验了。根本不是把 φύσιs 标明为 ἰδέα 了，而是 ἰδέα 上升成为超然独异的在之阐释了，以后一直成为决定性的看法。

如果我们注意 φύσιs 和 ἰδέα 两种对在的本质规定活动于其中的视线之差别，我们就能很容易地估量两种阐释法之脱离。φύσιs 是起来起作用，是安处于自身中，是常住。只消在而且只有在常住者面对着一番观的时候，'Ιδέα 是外观而且作为被观到者就是对常住者的一番规定。但 φύσιs 作为起来起作用却也已经是一番现象了。当然，不过这个现象有双重意义。现象的一层意思是：采集自身、将自身带入集中状态并即如此处于其中者。但还有一层意思是:作为已经处于此者呈现一个正面、表面,一个提供给一眼望去之用的外观。

从空间的本质方面看来,这个现象与现象之间的差别是这样:第一层意思而且是本真意思的现象收取了空间作为将自身带入集中状态中者,这才占领了空间,作为如此安处着而为自身创造了空间,促成一切属于空间者出现,而自身却非被仿制者。第二层意思的现象只是从已经完备的空间中出现并在此空间之已经定形的延伸中被一番一眼望去观到。成事的是此一观,是此一观起决定性作用,而不再是那事本身。第一层意思的现象才开阔出空间。第二层意思的现象只还促其成一轮廓并可测量已公开的空间。

然而巴门尼德的说法不是已经说了:在与讯问归属在一起,也就是被观到者与这个观看归属在一起吗?固然一个被观到者是属于观看这回事,但这话的意思并不要说,光只这样被观到的情况就要而且就可以规定这个被观到者之在场。巴门尼德的说法恰恰不是说,这个在要从讯问方面来,也就是说只有作为被承认者来被理解,而是说讯问乃为在之故。讯问须这样来公开在者,即把在者放回到它的在中去,瞧着在者摆出自身来并摆成什么的样子来采取在者。然而在把在阐释为 ἰδέα 时不仅把一种本质后果改说成本质自身了,而且这个假造的本质还又一次被误释了而且这回事也出现在希腊人的体验与说明的进程中。

理念作为在者之外观就构成在者之是什么。这个是什么,这个此一意义的“本质”,也就是这本质之概念,同样变为双重意思:

a. 一个在者存活着,起着作用,唤起并促成属于它者,这就是说，也而且恰唤起并促成抗争。

b. 一个在者存活为这个和那个；这个在者有此是什么的规定性。

在 φύσις 成为 ἰδέα 的变化中这个 τί ἐστιν(是什么)是怎样涌出来的以及这个ὅτι ἔστιν(是这回事)是怎样与前者相对而区别出来的，这就是 essentia 和 existentia 之区别的本质来源，这个问题曾被暗示过，但在此却无法细究。(1927 年夏季学期未经发表的一份讲稿讨论过这个问题。)

然而只消在之本质是寄于这个是什么(理念)中，这个是什么作为在者的这个在也就是在者身上的最在者的了。这个最在者的就这样在它那方面是本真的在者，ὄντως ὄν。成为 ἰδέα 的这个在现在就被提升到本真的在者处，而这个在者本身，这个原先起着作用者，却下降到柏拉图所谓 μὴ ὄν 处。这个 μὴ ὄν 其实就不应有而且其实也不在，因为它在现实过程中总是丑化理念，即丑化纯外观，其丑化的办法就是把这个纯外观造型到材料中去。ἰδέα 在它这方面就变成 παράδειγμα，变成典型。理念同时而且必然变成理想。模仿出来者本是不“在”，而是只分有在，μέθεξις。这个 χωρισμός，这个作为本真的在者，作为模式与原型的理念和本真的不在者，模本与映象之间的鸿沟就撕开了。

此时现象又从理念那儿获得另一种意义。现象者，现象这回事，都不再是 φύσις，不再是起来起作用，也不再是外观之展示自身，而乃现象这回事就是模本之出现。只要这个模本是绝达不到它的原型的，那么这个现象者就仅只是现象这回事，其实是一个表象，这就是说现在是一种缺陷。现在 ὄν 和 φαινόμενον 分离开了。在这回事中还有一个更深远的后果。因为这个本真的在者就是 ἰδέα 而且 ἰδέα 就是模型，每次的把在者公开出来这回事都必须去等同原型，适合模型，按照理念而定自身。φύσις 的真理，ἀλήθεια，即起来起作用的无蔽状态，此时就变成 ὁμοίωσις 与 μίμησις，变成适合，变成按照……而定自身，变成观得对头，承认其呈现承认得对头。

如果我们现在才把这一切理解清楚了，我们就将不想再否认，随着在之被阐释为 ἰδέα，一种脱离原始开端的情况就出现了。如果我们在此还谈到一种“脱落”，那么就须确认，这一脱落无论如何还停留在高处，并未低沉。我们可从下述情况来估量此高度。希腊人的此在之伟大时代，其本身是独一的古典时期，是这样伟大，竟至于创造了一切古典主义的可能性之形而上学条件。在 ἰδέα，παράδειγμα，ὁμοίωσις 和 μίμησις 这些基本概念中古典主义的形而上学已被勾画出轮廓了。**柏拉图**还不是古典主义者，因为他还是不了，但他是古典主义的古典作家。不仅西方艺术的历史，而且西方本身的历史都活动于许多本质性的运动形式中；在之从 φύσις 变为 ἰδία 这件事本身就促成这许多运动形式之一种形式。

现须追究，相应于 φύσις 之变义会从逻各斯中变出什么东西来。在者之公开出来出现在即为采集的逻各斯中。此一公开出来原始地完成于语言中。因而逻各斯就成为言谈之起标准作用的本质规定。语言总是把敞开出来的在者保持为说出来者和所说者与还可再说者。所说者可以被重复说以及继续说下去。保持在此中的真理传播开去而且是这样传播，即不是每次传播时那原始地在采集中敞开出来了的在者本身都特地被体验到。在被继续说下去者中真理好似脱离在者了。此一情况可能走得这样远，以至于重说出来的变成单纯的照本宣科，变成 γλῶσσα。一切说出来者都经常处于这种危险中（参阅《存在与时间》第四十四节 b）。

此中的情况是：此时关于真的决定体现为说得对头和单纯照本宣科之间的分野了。此时在说与说出来的意义之下的逻各斯就成为关于真理，也就是说原始地关于在者之无蔽境界，因而是关于在者之在要作出决定的范围与处所了。开端处逻各斯作为采集而发生了无蔽境界，在建立到此无蔽境界中去并为之效力。现在则倒过来，作为说出话来的逻各斯成为在正确性的意义之下的真理之处所了。于是有了亚里士多德的话，其意认为作为说出话来的逻各斯就是可以是真或是假的东西。真理原本是作为无蔽境界发生出起作用的在者本身来并即通过采集来掌管事情的，此时成为逻各斯的特性了。当真理成为说出来之特性时，它不仅转移其处所，它还转变其本质。从说出来方面看来，如果这个说是紧依着其所说出的，如果这番说出来是依照在者行事的，那么真的就获致了。真理就成为逻各斯之正确性。这样一来，逻各斯就从原始地被扣死到无蔽境界之出现这回事中去的情况中摆脱出来了，摆脱成这样的情况：现在关于真理，从而也关于在者，要作决定都要从逻各斯那里来作，而且还要回到逻各斯那里去；甚至不仅关于在者，而乃甚至而且首先关于在，都须如此。逻各斯现在是 λέγειν τὶ κατά τινος，关于什么说点什么。关于什么要说起来的这个什么，就是总要成为说出来的依据的东西，就是摆在它面前的东西，就是

ὑποκεἱμενον(subjectum)。从逻各斯成为独立起来说出来这情况看来,在就成为这一番摆到面前。(这样来规定在的情况好比 ἰδεά 的情况一样,就其可能性看来在 φύσις 中已有形迹了。惟独这个由自身方面来起的作用可以作为在场而将自身规定为外观与摆到面前。)

在说出来时,所依据的东西以各别方式显现出来:作为有这样和这样的状态的,作为这样和这样大小的,作为有这样和这样关联的。在成状态,在成大小,在成关联的,都是这个在之规定情况。因为这些说出来的方式都是从逻各斯中产生出来的——说出来却是 κατηγορεῖν——这个在者的在之这些规定情况就叫做 κατηγορίαι(范畴)。这样的关于在以及对在者的诸多规定的学说就从这个地方变成追究范畴及其条理的学说了。一切本体论的目标就是范畴学说。至于这个在之本质性质就是范畴,却在今天以及自古以来都算是不言而喻的。但归根到底这是令人惊异的。逻各斯在说出来时不仅在与 φύσις 的关涉中和 φύσις 分离了,而且还对抗着 φύσις 而同时作为在之诸多规定之发源地的这个标准领域出现——只有当我们弄清楚了这是怎么一回事时,上述令人惊异之事才可得而理解。

这个逻各斯,φάσις(肯定。——译者注),在说出来的意义之下的说法,却原始地对在者之在起决定性作用。此起决定性作用的情况是这样:每一次当一个说法反对另一个说法时,当一个异议,ἀντίφασις,出现时,这一番抗议就不能在。反之,凡不相抗议者,都至少可能在。亚里士多德哲学中的矛盾律究竟是有"本体论的"意义还是有"论理的"意义，这个古老的争论问题根本提错了，因为就亚里士多德说来，即没有"本体论"也没有"论理学"。两者都是在亚里士多德哲学的基地才成长起来的。倒是矛盾律之有"本体论的"意义，乃因为它是逻各斯之一根本规律，一条"逻辑的"规律。因而矛盾律在黑格尔辩证法中被扬弃，在原则上并不是逻各斯的统治地位被克服了，而只是上升到最高处了。（至于黑格尔用《逻辑学》这个名称来称呼本来的形而上学亦即《物理学》，即可以回溯到范畴居停处的意义之下的逻各斯，也可以回溯到开端的 φύσις 的意义之下的逻各斯。）

在说出来的形态上逻各斯本身就变成摆在那里的东西了。此一现成的东西由此就是便于使用的东西了，而此物被使用来赢得并保证真理成为正确性。这就容易理解，何以把赢得真理的此一把柄看成是工具，ὄργανον，并把此工具以对头的方式使用起来。越是由于 φύσις 之变成 εἶδος 和 λόγος 之变成 κατηγορία 而原始的在者的在之敞开出来更肯定明确地公诸于世了，越是真的之为正确的在讨论、学说和规章的途径上更肯定明确地被传开了，扩大了并越来越广阔了，上述使用工具之事就更加必需了。为此就不能不把逻各斯配制成为工具了。逻辑学的降生时刻到来了。

因而古代学院哲学把亚里士多德关于逻各斯的讨论总结在《工具》这个名称之下并不是不对头的。逻辑学也由此在基本特征上已经完满了。于是康德可以于两千年后在其《纯粹理性批判》第二版序中说，逻辑学"自亚里士多德以来一步也后退不了"，"逻辑学也直到现在一步也向前不了，于是从各方面看来都像是完结了完成了。"不仅看来是这样。事情就是这样。因为逻辑学即使经过康德与黑格尔都在基本上与开端上未有任何进步。惟一可能的跨步只还有这一步，把逻辑学（亦即作为阐释在之标准视线）从其根本处来进行根本改造。

现在我们来总观一下关于 φύσις 与 λόγος 所说的内容：φύσις 变成 ἰδέα（παράδειγμα），真理变成正确性。逻各斯变成说出来，变成真理作为正确性之处所，变成范畴之起源，变成关于在之诸多可能性的原则。“理念”与“范畴”就是后来西方的思与行与评价，整个此在都处于其下的两个名称。φύσις 与 λόγος 的变化以及二者相关涉到之变化都是从开始的开端之脱落。希腊人的哲学达到西方统治地位不是从其原始的开端达到的，而是从其开端的终结达到的，而此终结在黑格尔处被伟大而终成定局地定形为完成了。历史只要真是历史的话，它的毁灭就不是像个动物结束生命有个末日那样，历史只以历史演历的方式去毁灭。

但是事情到了希腊哲学中这种开端的终结，到了 φύσις 与 λόγος的这种变化的时候，又出现什么事呢，又不得不出现什么事呢？由此我们就处于第二个问题中了。

对 2. 在已描述出来的变化上有双重事情有待于注意。

a. 这个变化开始于 φύσις 和 λόγος 的本质中，说得更准确些是开始于一种本质后果中，而且是这样的开始法：现象者（在其表象时）展示出一种外观来，而所说的立即落入说出来的闲话范围中。故这变化不是来自外面，而是来自“内中”。但此处“内中”意指什么？成问题的不是自为的 φύσις 和自为的 λόγος。我们从巴门尼德处看到，二者在本质上是相属在一起的。二者的相属关系本身就是二者的本质之承担重任的根基，就是他们的“内在物”，虽然这个相属关系的根基本身首先而且本来是在 φύσις 的本质中隐蔽着的。但这相属关系是什么样式的呢？如果我们现在所描述的变化身上抽出一个第二项来，我们所问者就在眼前了。

b. 每一次这个变化都导致：既从理念方面也从说出来方面看来，真理之原始本质，ἀλήθεια（无蔽境界），都已变成正确性了。其实无蔽境界就是那个内在物，也就是在原始意义上的 φύσις 与 λόγος之间的那个起作用的相属关系。这一番起作用活生生地变成登场进入无蔽境界这回事。讯问与采集都是无蔽境界为在者而敞开出来之执行。φύσις 与 λόγος 成为理念与说出来的变化有其内在根基于一种本质变化中，这种本质变化就是从作为无蔽境界的真理成为作为正确性的真理的本质变化。

此一真理的本质不能坚持并保持于其开端的原始性中。无蔽境界，即为在者之现象而提供的空间，瓦解了。“理念”与“说出来”，οὐσία 与 κατηγορία，都作为此番瓦解中的瓦砾被救出来。自从在者不能采集也不能从无蔽境界方面来被保持与被领会以后，只还留下一种可能性：凡是分散开了作为现存事物留存下来的东西，都只能在它那方面被放入一种相属关系中，这种相属关系本身只有现成事物的性质。一个现成的逻名斯就不能不去适应一个另外的现成事物，适应一个即为它的对象的在者并即顺从此在者行事。固然保存着一点原始的 ἀλήθεια 本质之最后表象与闪光。（现成事物照样必须在此无蔽境界中出现，亦如有所表达地说出来进入这同一个无蔽境界中一样。）然而剩下来的 ἀλήθεια 的表象就不再具有负荷能力与活力来成为规定真理之本质的根基。这个表象也永远不会再成为这回事。刚刚相反。自从理念与范畴取得统治地位以来，哲学就无可奈何伤透脑筋，用一切可能的与不可能的解答去说明说出来(思)与在的关系。无可奈何白费心机是因为这个追究在的问题再也带回不到它本生的根基与场地，以便从那里来展开问答。

正如我们上述发生情况所简陈，无蔽境界之瓦解当然不是源出于一种单纯缺陷，不是源出于不复能承担由此一本质交托给历史的人去保持的东西。瓦解之根由首先就存于开端之重大与开端本身之本质中。(“脱落”与“瓦解”都只是为浅显的描述而保留于消极意义的外表中。)这个开端作为起开端作用的东西就不得不以某种方式让自己本身落在自身后面。(所以这个开端必然要隐蔽自己本身，但此隐蔽自身却不是无。)这个开端不能而且绝不能像它开起端来时那样直接地把这个开起端来保持得就像它能单纯被保持起来那样，也就是它居然能在其原始状态中被重复得更加原始。既然不能如此，所以我们也只能在运思的重复中而且惟有靠它来估量着去论及真理之开端与瓦解。在之必需及其开端之重大，绝非任何单纯的历史的判定、历史的解释、历史的估价的对象。此一点却并不排除，反而要求把此发生瓦解的情况就其历史过程的可能性弄明白。此处在讲这门课的道路上只得满足于一番要害的提示而已。

我们从赫拉克利特和巴门尼德处知道，在者之无蔽状态并不简单是现成的。只有当此无蔽状态通过作品而获致时，此无蔽状态才出现；而此所谓作品是指：成为诗的言词之作，庙宇与雕像中

的石头之作，成为思的言词之作，成为历史之建立与保持此一切的处所的 πόλις 之作。（“作”在此总之是照以前所说者按希腊意义作为 ἔργον，作为被摆入无蔽状态中的在场者来理解。）在作品中把在者之无蔽状态从而也把在本身之无蔽状态争取出来，这样对在者之无蔽状态的争取本身就已经只有作为经常的抗争才出现；而此抗争永远同时就是抗隐蔽、掩盖、抗表象之争。

这个表象，δόξα，并不是在这个在之侧，在这个无蔽状态之侧的东西，而乃归属于这个无蔽状态的。不过这个 δόξα 本身又是双重意义。一层意思是指有东西在其中显露出来的外观同时也就是人所有的外观。此在就定形于这样的外观中。这样的外观被说出来而且还被说开去。这样一来这个 δόξα 就是逻各斯的一个样式。此时此处已经流行开了的各种外观却把去深入瞭望在者的道路堵死了。在者自身现起象来去投供讯问的可能性被没收了。通常犹有待于我们去进行的深入瞭望被颠倒成为外观。这样的各种外观流行起来就把在者颠倒扭曲得莫名其妙了。

希腊人把“扭曲一件事”称为 φεύδεσθαι。为在者之无蔽状态而进行的斗争，就是 ἀλήθεια，就这样变成抗 φεῦδος，抗扭曲和颠倒的斗争。但在这个斗争的本质中有这回事：斗争者勿论是战胜其对手还是拜倒于对手，总之都是依附于其对手。因为这个反抗非真理的斗争是一个反抗 φεῦδος 的斗争，这个为真理的斗争就从被斗争的 φεῦδος 方面反过来变成这个为 ἀ-ψευδές，为非颠倒者、非扭曲者的斗争。

这样一来，把真理作为无蔽状态的原始体验就遭受危险了。

因为这个非颠倒者只有这样来达到:没有扭曲的承认与掌握都是干脆投向在者,也就是说照着在者定形。把真理作为正确性的道路就打开了。

无蔽状态经过颠倒而变化成无颠倒状态,又从无颠倒状态变化成正确性(状态),这一番变化之出现必须和 φύσις 之变化为 ἰδέα,和作为采集的 λόγος 之变化为作为说出来之 λόγος 合在一起来看。根据这一切就为这个在本身塑造出那个定型的阐释来了,这个阐释就固定了 οὐσία 这个词。这个词的意思是指经常在场,经常现成的意义之下的这个在。由此看来本真在着的就是这个永远在者,ἀέι ὄν。经常在场的是我们在要掌握与确立什么时都必定要劈头就回溯到它那儿去的那个东西,模式,ἰδέα。经常在场的是我们在每一个 λόγος 中,即在每一番说出来时,都必定要回溯到永远已经现存着的它那儿去那个东西,ὑποκείμενον,subjectum。这个永远已经现存者,从 φύσις 方面,从开放方面看来,就是 πρότερον,先天的,A priori。

这样规定在者的在标识着在者去面对一切掌握与说出来的方式。这个 ὑποκείμενον 就是后世把在者说成是对象的这种阐释之前驱。讯问,νοεῖν,就被说出来的逻各斯接收了。于是这又变成在规定什么东西是什么东西时透彻审查所面对者的那个承认,διανοεῖσθαι 了。这个还要说出来的透彻审查,διάνοια,就是即为作着判断的表象活动的知性之本质规定。讯问变成知性,讯问成为理性。

基督教把在者的在的意思改变为被创造。思与知都成为和信仰(fides)有别了。理性主义与非理性主义之出现就由此不是被阻碍了,而是才被准备了与加强了。

因为在者是上帝的造物,也就是理性地先被思出来的,所以只消造物与造物主的关系松动起来而另一方面与此事一同出现了人的理性占据统治地位甚至自命为绝对,那么在者之在就必须变为在数学之纯思中可思的了。这样可计算的而且被摆入计算中的在,就使在者成为可控制在现代数理技术中的东西了,此技术和迄今已知的每一种对工具的使用**根本**不是一回事了。

在着的只是:正确地被思着之际经受得住一番正确地思的东西。

这个主要名称,也就是说对在者之在的标准阐释,就是 οὐσία。这个字的意思作为哲学概念讲来就是经常在场。还在这个字已经变成哲学中的主导概念名称的整个时代中,这个字同时还保持着它的原始意思:ἡ ὑπαρχοῦσα οὐσία(Isokrates)是现成的占有情况。但是甚至 οὐσία 的此一基本意思及在此中描出的阐释在的路线也保留不住。以后就开始把 οὐσία 曲解为 substantia 了。它就在此意思中流行起来经过中世纪及近代一直到今天。就从此占统治地位的实体概念出发——作用概念只是实体概念之数理的变种了——倒溯回去对希腊哲学加以阐释,这就是说根本就阐述错了。

现还须来看看,从现在变成这种意思的为在而取的名称的 οὐσία来看,以前讨论过的**在与形成**、**在与表象**之区分怎样来理解呢? 我们在此同时回顾到在此问题中的区分的格架上去:

形成←—— 在 ——→表象
↕
思

与形成对立的东西，就是常住者。与只不过是外表的表象对立的东西，就是本真的所见者，ἰδέα。这个 ἰδέα 作为 ὄντως ὄν 又是与变动不居的表象对立常住者。但形成与表象并不只是从 οὐσία 方面来受规定；因为 οὐσία 本身又是从与逻各斯的关涉中，与说出来的判断，即 διάνοια，的关涉中，获得其标准的规定性。由此说来，形成与表象也是从思之视线来规定自身。

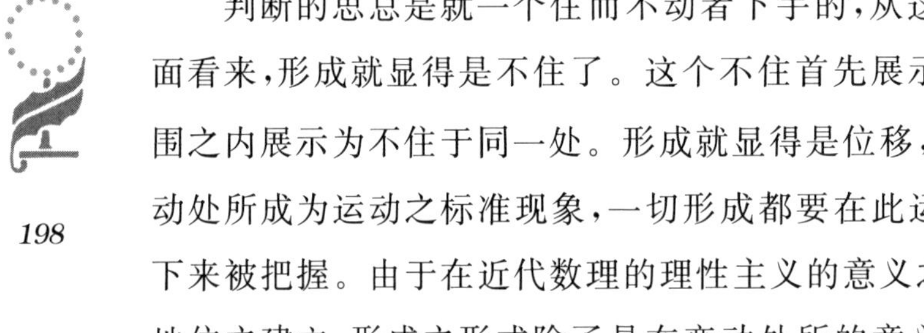

判断的思总是就一个住而不动者下手的，从这种判断的思方面看来，形成就显得是不住了。这个不住首先展示在现成事物范围之内展示为不住于同一处。形成就显得是位移，φορά，运输。变动处所成为运动之标准现象，一切形成都要在此运动现象的光照下来被把握。由于在近代数理的理性主义的意义之下的思之统治地位之建立，形成之形式除了是在变动处所的意义之下的运动之外根本就没有其他形式被承认了。凡是有其他运动形式出现之处，人们就试图从变动处所方面来把握它。变动处所本身，运动，只从速度方面来被理解了：$c=\frac{s}{t}$。此一思想方式之哲学上的奠基人笛卡尔就在他的 Regulae n. Ⅻ 中把任何其他运动概念都说成是可笑的了。

和形成是适应着 οὐσία 从思（计算）方面来被规定一样，其他与在的对立、表象，亦然。表象是不正确者。表象之根由寄于思之颠倒错乱中。表象干脆变成逻辑上的不正确，错误了。由此出发我们才可以完全弄清楚，思对在之对对意味着什么：思把它的统治地位（从标准的本质规定看来）跨越了在而同时扩展到与在相对立者上去了。此一统治地位还扩展得更远。因为在说出来的逻各斯承担了超越在的统治的时刻，在作为 οὐσία 的在被体验被理解为现成的在时，在与应当的区分也就准备好了。于是对在加以各种限制的格架看起来就是这样：

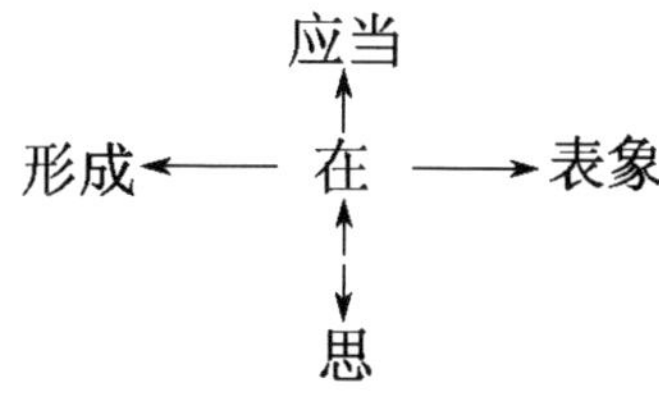


### 4. 在与应当

就我们的格架的线索看来，此一区分又进入另一方向。在与思的区分是画在向下的方向中。这表示，思是承担在并规定在的根据。反之在与应当的区分是向上画的。这就意味着：在是建基于思之中，在却被应当提高了。这是要说：这个在不再是作标准的了。但这个在还是理念，模式？然而这些理念恰恰因其模式性质而不再是作标准的了。因为作为摆出外观来因而其本身也以一定方式在着（ὄν）的东西的理念，其本身作为这样的在者还要求规定它自己的在，这就是说，又是一种外观。此诸多理念之理念，此最高理念，按照柏拉图的话，就是 ἰδέα τοῦ ἀγαθοῦ，善之理念。

这个“善”的意思在此不是指正规道德的，而是指好样的，这个好样的把那正规道德的所属的一切都能提供出来而且提供出来了。这个 ἀγαθόν 就是这样一个确定尺度者，就是这个首先给予在以一种能力，以使在自身成为 ἰδέα，成为模式以起本质作用者。凡是给出这样的能力来的东西，都是首先有能力者。但是只消诸多理念都是成其为在，成其为 οὐσία 的力量，那么这个 ἰδέα τοῦ ἀγαθοῦ，这个最高理念就处于 ἐπέκεινα τῆς οὐσίας，在之彼岸。这样一来，这个在本身，并不是一般地，而仅是作为理念，就滑到对另一物的对立面去了，也就是滑到这个在本身还得仰赖它的这样一个另一物的对立面去了。这个最高理念就是诸模型之原型。

现在无须乎作进一步的解释再去特别说明，怎么在此一区分中这个分出来与在相对立的应当也不是从此外随便什么地方提供来加给这个在的。这个在本身，在确定地被阐释为理念的情况下，就随身把与可作模式的事与应当做的事的关涉带来了。鉴于这个在的理念性格这个在本身在这样的程度上加强了自身的地位，这个在本身也在同样的程度上力求重新弥补在之由此出现的地位降低。但这件事现在只能这样来做到，即把这个在一直还不在，但却总是应当在的情况安立在这个在之上。

刚才所做的事是，把在与应当的区分之本质渊源，或者，到底也是一回事，把此一区分之历史开端亮出来。此一区分之展开与变异的历史在此无法细究。在此只还能提到一个本质问题。在对这个在本身以及对提到的几套区分作出一切规定时，我们必须盯住一件事：因为这个在从一开始就是 φύσις，就起来起去蔽的作用，它自己就把自身显示为 εἶδος 与 ἰδέα 了。这样的阐释绝不是惟独基于，也绝不是首先基于由哲学来作的解释。

上面已看清楚的是：只消在把自身规定为理念了，应当就出现来作在之对立面。随着此一规定之出现,思也就作为说出来的逻各斯(διαλέγεσθαι)进入一个标准的角色。因此一旦这个思作为自立的理性在近代取得统治地位了,那么在与应当的区分也就真正布置好了。这道进程完成于康德。康德认为在者就是自然,这就是说,是可以在数学物理的思中被规定而且已规定了的。由理性来规定而又作为理性来规定的自然,处于与无条件的命令对立的地位了。康德多次把无条件的命令强调称作应当,而且是这样的意思,这个命令是指向本能性质的意义之下的单纯在者的。然后费希特就把在与应当的对立强调而独特地作成他的体系的基本装备了。在19世纪过程中康德的意义之下的在者,可经验者,就在各科学中,包括历史科学与经济科学中,取得了权威的优先地位。由于在者取得优先统治地位,这个应当就在其标准角色上受到威胁了。这个应当必须坚持它的要求。这个应当必须力图自成根据。凡是从自身中就要提出应当要求的事,总不能不是从自身出发就有道理去要求的事。凡是和应当差不多一样的事,都只能从其本身就要求有价值,其本身就是一种价值的事中放射出来。此时这些价值本身就变成应当的根据。但是既然这些价值处于是事实的意义之下的在者之在的对立面,这些价值就不能从其本身方面来在。于是人们说:这些价值起作用。这些价值就对在者之一切范围,也就是对现成事物的一切范围是起标准作用者。历史不是别的,就是价值之实现。

柏拉图把这个在把握为理念了。理念就是模式而且作为模式也起标准作用。而今还有什么比这更方便的事呢:从价值的意义去理解柏拉图的理念并即由此把在者之在表明为:起作用?

诸多价值起作用。但有用这个话还相当容易令人想到是为一个主体有用。为要对这个被抬高为诸价值了的这个应当还加以支持,人们还对诸价值本身加上一个在。在此从根本上看来在的意思不是别的,就是现成的东西的在场。不过这样说就不像说桌子椅子现成那样粗线条与顺手即得。一说诸多价值之在就达到思想迷乱与丧失根底的最高限度了。然而由于"价值"这个术语渐渐显得陈旧了,特别是因其也在经济学说中当重要角色,人们而今就把诸价值称为"整体性"。但用这个称号只是换了字母而已。其实在这些整体性身上更容易看得到这些整体性从根本上所是的,即半吊子。但是在本质事物的范围之内,这些半吊子总是比如此被人害怕的无还更具灾难性。在1928年曾出版过一本价值概念大词典第1部。在此书中列举了661篇关于价值概念的著作。想来在此期间出现的此类著作又过千了。所有这些著作都自命为哲学。尤其是今天还作为纳粹主义哲学传播开来,却和这个运动(即规定地球命运的技术与近代人的汇合的运动)之内在真理与伟大性毫不相干的东西,还在"价值"与"整体性"之混水中摸鱼。

价值思想在19世纪顽固到何等地步,我们可以从下述事实中看出来:甚至尼采而且恰恰是尼采完全是在价值的思路中运思的。他所计划的《权力意志》这部主要著作的副标题:《重新估定一切价值》。第三卷的标题是:《试定新价值》。被卷入价值的想法之迷乱中,不理解价值想法值得追问的来源,就是为什么尼采没有达到哲学的本真中心的根由。但是就在一位未来人物又要达到哲学的本真中心时——我们今天的人只能做些事前工作——他也将逃避不了此一卷入,不过是另一种卷入罢了。无人跳越得过他的背影。

*　　*　　*

我们已经通过在与形成，在与表象，在与思，在与应当四种区分来进行透彻追问了。讨论是用提出七个瞄准点的办法来指引的。开头时看起来好像只是讨论一种运思练习，要把任意聚在一起来的一些题目区分一下而已。

现在我们用同样的看法来重复一下这些区分并就此看一看，前所述者在多大程度上还保持着指向这些瞄准点的方向以及在多大程度上已经达到了有待于洞察的东西。

1.这个在被限制在所列各与他者相对的区分中因而已在此一限定中有一种规定性。

2.此限制是出现在四种彼此同时相关的看法中。因此之故在的此规定性就不能不相应地分岔与提高。

3.这些区别都绝非偶然的。凡是能过此区别而保持在一种个别状态中的东西，都原始地彼此相属而挤入一个统一性中。因此之故此诸区分都有一个独特的必然性。

4.这些乍一看好像是从形式上揣摩出来的对立因而也不是从任意的机会中出现的而且仿佛是作为讲话的说法进入语言中的。这些对立是与这个在之在西方思想中的标准印记最内在的联系中产生出来的。这些对立就和哲学之追问的开端一同开始。

5.然而这些区别却不只是停留在西方哲学范围之内起作用，这些区别贯彻在一切知、行与说中而且在其没有独特地又没有用这套话说出来之处亦然。

6.所列举的名称顺序已经作出一种指点给其本质相属关系之次序及其作出印记之历史顺序。

7. 在的问题之一种原始追问已经理解了把在的本质之真理展开出来的这一任务；此一追问不得不跻身于隐藏在此诸区分中的作出决定的力量并将此决定回溯到其本来的真理上去。

在此诸点中以前只是提出了主张的一切现在都已摆在眼前了，惟独在最后一点中所说的还没有。这一点中也才只包含一条要求。现在结束时要来指出，这个要求到底有多大道理以及要满足这个要求到底有多大必要。

要讲明这一点，只能这样办，就是我们再来把这本《形而上学导言》的整体透视一番。

一切都扯到一开头就提出的根本问题上去了："为什么根本是在者在而无倒不在？"这个根本问题之第一步展开就迫使我们去问更前的问题：到底在是怎么回事？



"在"首先显得像一个空洞的字眼带着飘动的含义。这种情况显得是许多可判明之事实之一。但是末了这个看起来没有问题的而且进一步也没有什么可问的却显明出来是最要问的。这个在以及对这个在的领会不是一件现成的事实。在是根本事件，根本要以这个根本事件为根据，在敞开来的在者整体中心的历史的此在才能得到保障。

但这个最要问的历史的此在之根据，只有当我们把它提到问题中来时，我们才照它的身份与按它的级别体验到它。基于此理我们提出这个预先问题：这个在是怎么回事？

指出"是"这个字的许多习用的然而却是多样的用法，就使我们看到：认为在是不确定的与空的说法是错的。这个"是"倒确定"在"这个不定式的含义与内涵而不是倒过来。现在我们也能够理解了，为什么必定是这样。这个“是”是在命题中作为系词，作为“关系字眼”(康德)。命题含有这个“是”。但是因为命题，即作为范畴的逻各斯，变成了审理这个在的法庭，因此命题就从属于命题的“是”来确定这个在了。

这个在曾是我们将其当成一个空名由之出发之所，现在却不得不从而一反此印象而有一个确定的含义了。

这个在的确定性是通过对四种区分的解释而指出来的：

> “在在与形成的对比中就是停留。
>
> 在在与表象的对比中就是停留着的模式，就是总是同样者。
>
> 在在与思的对比中就是作为根据者，现成者。
>
> 在在与应当的对比中就是总是当前作为还没有实现或者已经实现的应该做出来者。”

停留，总是同样，现成，当前——说的归根到底是同一回事：常住的在场：作为 οὐσία 的 ὄν。

在之此一确定性不是偶然的。在之此一确定性起的确定作用，也是我们的历史的此在赖之在希腊人中以伟大的开端得以演出的。在之此一确定性并不是对一个单纯的字划定其含义范围而已。在之此一确定性是直到今天还承担着并掌握着所有我们的对在者整体、对形成、对表象、对思、对应当的关涉的这股力量。

在是怎么回事这个问题同时还显露出来是这个问题：我们在历史中的此在是怎么回事，我们是处于历史中呢还是只在晕头转向？形而上学地看来我们是在晕头转向。我们在在者中心到处跋涉却不知道，在是怎么回事。我们这才真不知道我们不知道在这回事。我们晕头转向,即使在我们互相保证我们不晕头转向的时候也晕头转向,即使在人们新近甚至极力指出这样追问在只会引起迷乱,起破坏作用,是虚无主义时也晕头转向。[自从出现存在主义以来重新进行的对追问在的问题的错误表述只对摸不着头脑的人才是新鲜事。]

但真正的虚无主义是在什么地方活动呢?什么地方有人纠住熟悉的在者不放而且认为,只消把在者当成它迄今所是的现在毕竟还是的在者就够了,真正的虚无主义就在这个地方。人们还用这个办法把追问在的问题顶回去并且把这个在当像一个无(nihil)处理,虽然这个无也在起其作用时以一定方式"在"呢。把这个在忘得精光,只和在者打交道——这是虚无主义。如此领会的虚无主义才是尼采在《权力意志》第一卷中摆出来的那种虚无主义的根据。

反之,在追问在一直追问到无之边缘的问题中来行事并把这个无扯到在的问题中来,这才是真正克服虚无主义的第一个而且是惟一的有效步骤。

我们之所以在把在作为最要问的来追问的问题中却不能不追问出去追得这么远,这正是对四种区分的讨论所指示给我们的。这个在所要与之分清界限的东西——形成,表象,思,应当——并不是随便什么只是想出来的东西。此处诸力起着作用,此诸力对在者,对在者之敞开与成形,对在者之封闭与破相,都控制着而且有魔力。形成——这是无吗?表象——这是无吗?思——这是无吗?应当——这是无吗?都不是呀。

然而如果所有几种区分中与在对立的都不是无,那么它自身就在着，到底甚至比人们按照在之有限制的本质规定来认为是在着的东西更在着些。那么形成者，表象者，思与应当又是以什么样的在的意义来在着呢？肯定不是以这四者与之对峙的那种在的意义来在着。然而这种在的意义就是自古以来熟悉的意义。

所以沿用迄今的在的概念不足以把所有“在”的东西都举出来。

所以如果我们想使我们的历史的此在作为一个历史的此在来进行活动，那么我们就必须从根底上以及就在之可能本质的全部广度来重新体验这个在。因为与在对立的那些力量，那些区分本身都规定着我们的此在，控制着我们的此在而且很久以来就以其多方编结强加给我们的此在并即将我们的此在保持在此“在”的混乱中。这样从原始地究问此四种区分中就得出此一明见：被这些力量包围的这个在，必须自身就被变成围绕一切在者的圈子与根据。有个原始的区分，它的深沉境界以及原始的离异承担着历史，此原始的区分就是在与在者的区别。

但此原始区分要怎样来出现呢？哲学可以在什么地方插手去思这个原始区分呢？在此我们却不应谈论插手，而乃是后补完成这番插手；因为这番插手是从我们所处的开端处之必然性中已完成的。我们讨论四种区分时不是白白地不成比例地长久停留在在与思的区分一段。这一段区分今天也还是规定在之承担分量的根据。靠说出的 λόγος 来导引的思给出并且获得察看这个在的视线。

因此假若要把这个在本身在它的与在者的原始区别中敞开出来并建立起来，那么就需要打开一条原始的视线。在与思的区分之起源，讯问与在的分离，都指示我们，此中有关的不是什么小事，而是一件要从有待于敞开的在的本质中起来规定人的在的大事。

追问在的本质的问题就和人是谁的问题深切地结合了。从这个地方引出来的必需对人的本质作出规定，却不是一门自由飘荡的人类学的事情，这种人类学根本就把人以同样的方式想得和动物学想动物一样。而今追问人的在的问题在其方向与深广度上都惟有从追问在的问题来规定。人的本质在在的问题范围之内按照开端之隐而未露的指示，就须得理解并讲清楚为这个在需用以敞开自身的此处。人就是在这个敞开中的此。在者就站到这个此在中来并进行活动。因此我们说：人的这个在，就字的严格意义说来，就是“此在”。要察见在之敞开的视线，必须原始地植根于作为在敞开的此处的此在之本质中。

西方人对在的全部看法和传统以及由此而来的今天还占统治地位的对在的根本关系都概括写在在与思这一题中了。

在与时间却是无论从哪方面都不能和所讨论的几种区分等量齐观的题目。这个题目指向此一追问的完全另外一个范围。

在此并非只是把时间这个“字”来替换了思这个“字”，而是时间的本质从根本上而且独特地在在的问题范围内是按照旁的方面得到确定的。

但为什么恰好是时间？因为在西方哲学开端时导引着在之敞开的思路是这个时间，但是这样，即此一思路作为这样的思路还仍然隐蔽的而且不能不仍然如此。最后，如果 οὐσία 变成在之根本概念而且意味着这回事：常住的在场，那么未被揭开地作为常住的本质与在场的本质的基础的不是时间还是什么呢？但这个“时间”在其本质上还未被揭开而且(在"物理学"的基地上,在其视野中)也展开不了。因为一旦在希腊哲学结尾处由亚里士多德来开始思索到时间的本质时,这个时间本身就不得不被当作一个随便怎么样在场者,οὐσία τις。这层意思表达为,这个时间是用"现在(Jetzt)",用总是而且惟独是当今(Gegenw ärtigen)来体会的。过去是"不再现在",未来是"还未现在"。这个在以其是现成(在场)的意义来成为规定时间的思路。而不是时间成为特地介入来阐释这个在的思路。

《在与时间》在这样的想法之下就不意味着一本书,而是意味着惟一的任务。真正的任务是我们不知的那个东西,是我们若对之有真知,即对之作为任务而知,那就始终只有以追问的方式去知的那个东西。

能够追问的意思是说:能够等待,甚至等待一辈子。一个时代既把一倏即逝的东西与用两手抓得到的东西认为是现实的,它就难免认为追问是"对现实陌生的",是值不了多少的东西。但根本的事情不是值多少,而是对头的时间,也就是对头的时机与对头的坚忍。

"因为不适时的生长
深思的上帝
就恨它。"

惠尔德林,《提坦诸神》(Ⅳ,218)主题

**图书在版编目(CIP)数据**

形而上学导论/(德)海德格尔著;熊伟,王庆节译.
—北京:商务印书馆,2017
(汉译世界学术名著丛书:120年纪念版:珍藏本)
ISBN 978-7-100-14637-1

Ⅰ.①形… Ⅱ.①海… ②熊… ③王… Ⅲ.①海德格尔(Heidegger,Martin 1889-1976)—形而上学—研究 Ⅳ.①B516.54 ②B081.1

中国版本图书馆CIP数据核字(2017)第152200号



汉译世界学术名著丛书
(120年纪念版·珍藏本)
**形而上学导论**
〔德〕海德格尔 著
熊 伟 王庆节 译

商 务 印 书 馆 出 版
(北京王府井大街36号 邮政编码100710)
商 务 印 书 馆 发 行
北京市松源印刷有限公司印刷
ISBN 978-7-100-14637-1

2017年12月第1版 开本710×1000 1/16
2017年12月北京第1次印刷 印张13½
定价:70.00元